JUST SPICES®

100 NUDELREZEPTE

Von Italienisch bis Asiatisch:
Entdecke leckere Lieblingsgerichte für jeden Tag

100 NUDELREZEPTE

Von Italienisch bis Asiatisch:
Entdecke leckere Lieblingsgerichte für jeden Tag

Just Spices GmbH, 2022

Dieses Kochbuch widmen wir unserer wunderbaren Community. Mit Euch teilen wir die Liebe zum Kochen, zu neuen Geschmackserlebnissen, zu grandiosen Gerichten. Ihr treibt uns an, uns kulinarisch immer wieder neu zu erfinden.

Ihr habt Euch ein Nudel-Kochbuch gewünscht – hier kommt es! Wir hoffen, dass es Euch viele Momente größten Genusses beschert und Ihr Eure Leibspeise von einer neuen Seite kennenlernt.

Eure Just Spices Family

HEY SPICEBUDDY, HI PASTALOVER,

wir freuen uns unheimlich, dass Du dieses Buch in Deinen Händen hältst. Es ist bereits unser viertes Kochbuch – Wahnsinn! Dass Du dies hier gerade liest, lässt uns vermuten, dass Du vielleicht auch unsere anderen Bücher kennst – oder einfach ein absoluter Nudel-Fan bist. Oder beides?

Jedenfalls lässt das Thema Nudeln die Herzen der Just-Spices-Community seit jeher höher schlagen – deshalb haben wir uns dazu entschlossen, Eurer Lieblingskategorie ein ganzes Buch zu widmen. Die kommenden Seiten warten nur darauf, Deine Liebe zu Nudeln auf ein komplett neues Level zu heben. Auch wenn Du glaubst, dass Du Nudeln gar nicht noch mehr verehren könntest als jetzt schon – glaub uns, da ist noch Platz in Deinem kulinarischen Herzen. Und selbst wenn Nudeln bisher nicht der Traum Deiner schlaflosen Nächte waren, könnten wir uns vorstellen, dass Dich das ein oder andere Gericht in diesem Buch demnächst mit allen Sinnen träumen lässt.

Dich erwarten über 100 köstliche Nudelkreationen – vom Auflauf bis zur Nudelsuppe, von Italienisch bis Mexikanisch. Direkt aus der Just-Spices-Küche für Dich zum Nachkochen. On top gibt es spannende Infos zur Geschichte unserer Leibspeise und einige Fakten und Mythen rund um Nudeln.

Bevor wir so richtig loslegen, müssen wir Dir erst einmal erzählen, wie es zu diesem Kochbuch kam. Falls Du schon hungrig bist: Keine Sorge, wir fassen uns kurz. Nimm Dir einen Snack und setz Dich zu uns.

WIR VON JUST SPICES

Ganz kurz zu uns: Wir sind Florian, Ole & Béla, die drei Gründer von Just Spices. Unsere würzige Reise begann 2014 bei einem gemeinsamen Kochabend. Damals waren wir noch drei Studenten in einer Dortmunder WG, die ein leckeres indisches Dal kochen wollten. Was haben wir also gemacht? Rezept rausgesucht, Einkaufsliste geschrieben, zum Einkaufen losgezogen. Alles lief super, bis wir beim Gewürzregal ankamen.

Dort erwarteten uns unzählige kleine Tütchen, Dosen und Büchsen, von denen wir mit viel Mühe die wichtigsten zusammengesucht haben, um unser Dal halbwegs authentisch hinzukriegen. Die Designs der Gewürze waren irgendwie lieblos, wir waren ein bisschen planlos und an der Kasse auch noch ziemlich viel Geld los. Dafür waren wir natürlich um viele exotische Gewürze reicher, die nach unserem Kochabend leider nie wieder das Tageslicht gesehen haben – weil wir gar nicht wussten, wie wir diese in anderen Gerichten geschmacklich in Szene setzen können.

NIE WIEDER EINSAME GEWÜRZE

Alles in allem war der Gewürzkauf für uns damals ziemlich ernüchternd. Ein bisschen wie Sockenkaufen früher: Muss sein, spaßig ist es aber nicht unbedingt. Und hierbei kam uns die Idee: Was, wenn es Gewürzmischungen gäbe, die optimal auf konkrete Gerichte abgestimmt sind, die inspirieren, ohne Mühe funktionieren und dann auch noch durch das Design überzeugen? Von diesem Moment an war uns klar, dass das Gewürzregal mehr Farbe und Frische verträgt.

UNSERE WÜRZIGE WELTREISE

Es gab nur einen kleinen Haken. Wir drei waren zwar schon damals große Genießer, aber keiner von uns hatte viel Expertise im Umgang mit Gewürzen. Wir brauchten also etwas Input von außen – von den kreativsten Köpfen verschiedenster Küchen. Diesen Gedanken haben wir wenig später mit einer Weltreise in die Tat umgesetzt. Wir reisten durch drei Kontinente und kochten mit den lokalen Küchenchefs direkt vor Ort.

Wir lernten die sonnigsten Aromen der italienischen Küche kennen, aßen das beste Barbecue ever in Amerika und erlebten die pikanten Noten der mexikanischen Küche in feinsten, frischen Gerichten. Großartige Köche und Köchinnen kleiner Dörfer weihten uns in ihre gut gehüteten Küchengeheimnisse und Kniffe beim Würzen ein. Und vor allem teilten sie mit uns genau die Freude am Kochen, welche wir in die Welt tragen wollten. Aus Dankbarkeit diesen tollen Menschen gegenüber verewigten wir ihre Gesichter als Illustrationen auf den Dosen unserer ersten Mischungen.

Die Erfahrungen unserer Reise hatten uns ein für alle Mal gezeigt, dass Gewürze viel mehr sind als die tristen Regale und Schränke, in denen diese (auch bei uns) lange standen. Sie sind unfassbar vielseitig, verwöhnen all unsere Sinne und veredeln den Geschmack unserer Lebensmittel auf wunderbare, natürliche Weise. Und genau diese Erkenntnis wollten wir jedem Genießer da draußen auch ermöglichen – ganz gleich, ob ein absoluter Anfänger oder ein leidenschaftlicher Koch am Herd steht. Unsere Vision: **MAKE EVERY DISH TASTY.**

Damals wie heute wünschen wir uns, dass wirklich jedem ein gutes, frisches Gericht mit der perfekten Würze gelingt. Jedes Gericht sollte die Chance haben, Deine neue Leibspeise zu werden. Mit cleveren, perfekt abgestimmten Gewürzmischungen, die genau Deinen Geschmack treffen und jedes Essen besser machen. Ohne Geschmacksverstärker oder künstliche Zusätze, nur mit feinsten Kräutern und Gewürzen. So lag der Name unseres Projektes auch von der ersten Sekunde an auf der Hand: **JUST SPICES.**

Mit über 160 Gewürzmischungen in unseren bunten Dosen haben wir wirklich für jeden Geschmack den richtigen Mix und auch für ausgefallene Gerichte die optimale Komposition. Vom knusprigen Avocado Topping, über den mediterranen Pasta Allrounder, bis hin zum süßen Stullen Spice.

BUNTE DOSEN, NATÜRLICHE FIX-PRODUKTE

Jeden Tag geben wir mit unserem Team alles, um Genuss selbstverständlich zu machen – auch mit minimalem Zeitaufwand. So sind wir im November 2018 einen weiteren Schritt gegangen und haben mit unseren JUST SPICES IN MINUTES für frischen Wind auf dem Markt der Fix-Produkte gesorgt. Mit 33 bunten Tüten in Bio-Qualität, die alle würzigen Komponenten für fixe Gerichte in einem stressigen Alltag enthalten. So gelingen Dir ausgefallene Trendgerichte und absolute Klassiker wie Bolognese oder unsere geliebte One-Pot-Pasta spielend leicht und superschnell.

Auch bei unseren Fix-Produkten sind wir uns treu geblieben und haben Rezepturen entwickelt, die ohne künstliche Zusätze oder Geschmacksverstärker auskommen.

LECKERE NEUIGKEITEN FÜR SALAT-FANS

Unser nächster köstlicher Streich hat gerade eben erst, nämlich Anfang 2021, die Herzen der Just-Spices-Community und die Regale der Supermärkte erobert: Die Just Spices Bio Salatdressings. Mit unseren fertigen Dressing-Mischungen gelingt Dir die würzige Verfeinerung Deiner Salate wirklich immer. Auch Nudelsalate kannst Du mit unseren Dressings ganz leicht upgraden – vor allem unser neuer Tomaten Mozzarella Dressing Mix oder unser Italienischer Kräuter Dressing Mix machen sich hervorragend in mediterranen Salaten mit Penne & Co.

Neben leckeren Gewürzen ist für uns das Allerschönste am Kochen aber die Zeit, die wir in Ruhe für uns oder mit unseren Liebsten in der Küche verbringen.

DO IT YOURSELF: UNSERE KITS

Aus diesem Grund haben wir in den letzten Jahren immer wieder neue Do it yourself Kits entwickelt. Mit den liebevoll von uns zusammengestellten Boxen erhältst Du zu verschiedenen kulinarischen Themen alles, was Du zum Selbermachen brauchst. Ob Du nun mit dem Pasta Kit Deine eigenen Nudeln herstellen, mit dem Öl Meister Kit Dein individuelles Lieblingsöl ansetzen oder mit dem Pesto Kit selfmade Pesto zaubern möchtest.

Mit unseren Do it yourself Kits kannst Du Dich selbst beschenken und Dir etwas Me-time bei einem neuen Kochabenteuer gönnen oder einfach ganz bewusste Pausen in Deinen Alltag einbauen. Auch für einen gemeinsamen Abend mit Deinen Lieblingsmenschen sind unsere Kits perfekt. Und natürlich eignen sie sich auch hervorragend als persönliches Präsent, mit dem Du einem lieben Menschen ein ganz neues kulinarisches Erlebnis ermöglichst.

KREATIVE KOCHBÜCHER

Natürlich dürfen unsere geliebten Kochbücher in der Aufzählung unserer spicy Produkte nicht fehlen. Mit unserem ersten ***Kochbuch Lecker durch den Tag*** haben wir einen absoluten Allrounder für verschiedene alltägliche Anlässe geschaffen. Kochbuch Nummer 2, ***Einfach Italien,*** haben wir dem mediterranen Part unserer Weltreise und Mamma Lucia gewidmet. Hier dreht sich alles um unsere geliebte italienische Küche. Unser drittes Buch, ***Rezepte unter 30 Minuten,*** haben wir für all die großen Genießer geschrieben, die sehr wenig Zeit haben. Darin haben wir unsere besten Tricks zum zeitsparenden Kochen mit unseren schnellsten Rezepten vereint.

Mit unserem vierten Buch, ***100 Nudelrezepte,*** möchten wir unserer treuen Community einen Wunsch erfüllen und dafür sorgen, dass sie ihre Leibspeise jeden Tag aufs Neue lieben lernt.

UNSERE MISSION:

To empower people all over the world to cook food they love

Alles, was wir mit Just Spices schon erreicht haben und weiterhin jeden Tag mit größter Leidenschaft tun, dient eigentlich nur einer Mission: Menschen auf der ganzen Welt die Chance und das nötige Wissen zu geben, um köstliche Mahlzeiten zuzubereiten, die sie schlichtweg lieben. Das durften wir auf unserer Weltreise lernen und erleben und genau das wollen wir weitergeben.

GEMEINSAME WERTE

Unsere Mission, die wir jeden Tag verfolgen, ist untrennbar verbunden mit den Werten, die wir als Unternehmen vertreten. Wir sind zu dritt in dieses unfassbare Abenteuer Just Spices gestartet. Heute umfasst unsere Family über 200 wundervolle Menschen, die jeden Tag alles geben, um mit uns die Welt ein bisschen leckerer und unsere Spicebuddys ein bisschen glücklicher zu machen. Seit April 2022 unterstützt uns auf dieser wunderbaren Reise ein weiterer toller Mensch, nämlich unser Geschäftsführer für den Bereich Finanzen, Daniel. Er ergänzt unser Gründerteam und passt nicht nur fachlich, sondern auch menschlich wie der Zimt zum Zucker in unsere Runde. Nicht zuletzt deshalb, weil er unsere Unternehmenswerte von der ersten Sekunde an vertreten hat. So wurden aus den 3 Jungs die 4 Musketiere der Gewürzwelt.

Diese Werte haben in allen Krisen und bei allen gefeierten Erfolgen unser Miteinander geprägt. Sie sorgen dafür, dass jeder Einzelne von uns zu jeder Zeit weiß, wofür wir all das tun.

FREUDE: Gutes Essen und gemeinsames Kochen verbindet und macht glücklich. Das erleben wir in unserem mittlerweile großen Team so oft. Genau diese Freude wollen wir als Unternehmen in die Küchen dieser Welt bringen.

MUT: Viele unserer Schritte als Just Spices konnten wir nur gehen, weil wir mutig waren. Weil wir uns als Team gegenseitig den Rücken gestärkt haben. Weil unsere Spicebuddys uns so unterstützt haben. Das wollen wir zurückgeben. Deshalb versuchen wir jeden Tag alles, um neuen Mut für große Ideen zu fassen.

UNTERNEHMERGEIST: Manchmal muss man einfach kreativ werden. Das gilt in der Küche und am Schreibtisch. Wir versuchen, immer offen für unkonventionelle Ideen und eine Prise Innovation zu sein. Und hoffen, das ist in unseren Produkten zu schmecken und zu spüren.

LEIDENSCHAFT: Wir sind davon überzeugt, dass man nichts richtig gut machen kann, wenn man keine Leidenschaft empfindet. Kein großes Projekt funktioniert, kein Gericht gelingt ohne eine leidenschaftliche Verbindung zu dem, was man tut.

STOLZ: Es gibt wirklich viel Gutes, auf das wir als Gemeinschaft und als Team zurückblicken können. So viele Meilensteine, einige Misserfolge, noch mehr Erfolge und vor allem die beste Community, die wir uns nur wünschen können. **#JUSTSPICES**

FAMILIE: Wahrscheinlich unser allerwichtigster Wert. Jeder, der unser Team kennt, weiß, wie sehr wir zusammenhalten. Wie gern wir uns haben, wie wir zusammen in eine Richtung blicken. Wir sitzen zusammen, besprechen Visionen, Probleme, Ideen und Sorgen und finden gemeinsam einen Weg nach vorn. Unsere Spicebuddys auf Social Media gehören für uns ebenso dazu – deshalb versuchen wir, unsere Community in allen Belangen einzubeziehen.

EIN BUCH, ÜBER 100 NUDELREZEPTE

Mehr als 100 Rezepte verschiedenster Küchen – deutsch, italienisch, japanisch, chinesisch, mexikanisch – sollen unseren Spicebuddys noch mehr Freude am (Nudeln-) Kochen schenken. Mit unserem Pasta-Grundrezept in Kapitel 1 geben wir Dir eine simple Kreation an die Hand, mit der Du die Nudeln Deiner Träume ganz individuell herstellen kannst.

Und natürlich haben wir Dir auch einige Fakten rund um die Nudel für Dich zusammengetragen, mit denen Du Deine Leibspeise noch besser kennenlernst. Außerdem räumen wir mit einigen Mythen auf. Und wo wir schon beim Thema sind: Im ersten Kapitel erklären wir Dir auch, warum „Pasta" und „Nudeln" nicht zwangsläufig das Gleiche sind.

DAS UNENDLICHE NUDEL-UNIVERSUM

Ziel dieses Buches ist es natürlich, dass Du neue Lieblingsrezepte entdeckst. Wir wollen Dich aber auch mitnehmen in die bunte Welt der Nudeln und Dir zeigen, wie unfassbar vielseitig sie sind.

Deshalb findest Du in diesem Buch Rezepte zu den verschiedensten Nudelformen und -arten, von klassischer italienischer Pasta bis hin zu Gemüsenudeln aus Zucchini, von gefüllten Nudeln über Nudelbowls bis zu Gnocchi. Ja, auch die Gnocchi mussten wir einfach integrieren. Sie sind durch ihren Kartoffelteig ganz streng genommen keine Nudeln, haben sich durch ihre Vielseitigkeit und das perfekte Zusammenspiel mit diversen Pastasoßen aber ihren Platz im Nudel-Universum verdient. Außerdem haben wir unter unseren Spicebuddys auch einfach sehr viele Gnocchi-Liebhaber.

PRAKTISCH: KATEGORIEN & ICONS

Unsere Rezepte haben wir in 10 Kategorien eingeteilt: Im ersten Kapitel erwarten Dich Nudelbowls, Nudelsalate und gebratene Nudeln. In Kapitel 2 folgen Nudeln mit würzigem Pesto und köstlichen Soßen. Das dritte Kapitel widmet sich schnellen One-Pot-Nudeln, heißen Kreationen aus dem Ofen und herzerwärmenden Nudelsuppen. Last but not least kümmern wir uns im vierten Kapitel um leichte Low-Carb-Nudeln und Gnocchi. Vor den Rezepten findest Du jeweils ein paar Facts zum Thema.

Wie in unseren vorherigen Kochbüchern haben wir bei unseren Rezepten auch diesmal kleine Icons zur schnelleren Übersicht eingebaut. So weißt Du auf den ersten Blick, ob das Gericht Deinen Vorstellungen für die geplante Kochsession entspricht.

Folgende Icons werden Dir in diesem Buch begegnen:

Vegan: Plant-Power! In diesem Rezept werden keinerlei tierische Lebensmittel verarbeitet.

Vegetarisch: Diese Kreationen werden ohne Fleisch oder Fisch zubereitet.

Unter 8 Zutaten: Abgesehen von Wasser, Öl, Salz, Pfeffer und unseren Mischungen brauchst Du für diese Gerichte weniger als 8 weitere Lebensmittel.

Unter 30 Minuten: Wenig Zeit? Halte Ausschau nach diesem Icon. Diese Mahlzeiten kannst Du in weniger als einer halben Stunde zubereiten.

Gut vorzubereiten: Bei diesen Rezepten kannst Du (am Vortag) vorarbeiten, um dann beim Kochen Zeit zu sparen.

Nährwerte: Natürlich haben wir auch die Nährwerte der Gerichte für Dich berechnet, Du findest sie direkt bei den Rezepten. Dabei steht KH für Kohlenhydrate und GF für Gesättigte Fettsäuren. Die Kalorien werden dabei in kcal und die restlichen Nährwerte in Gramm (g) angegeben.

Kleiner Tipp: Wenn Du gern vegetarisch oder vegan kochst, schau auf unsere Rezeptnotizen. Wir haben für einige Kreationen eine Möglichkeit hinterlegt, mit der Du das Gericht Deiner Ernährungsweise oder Deiner Laune anpassen kannst.

Natürlich nutzen wir für unsere Rezepte vieler unserer heiß geliebten Gewürzmischungen. Einige davon werden Dir in diesem Buch besonders oft begegnen. Damit Du Deine Geschmacksnerven schon einmal auf diese leckeren Mischungen einstimmen kannst, listen wir diese für Dich auf:

ASIA BOWL TOPPING

Ob frische Bowl oder exotisches Pfannengericht – dieser Mix schenkt asiatischen Nudelgerichten Prise für Prise den perfekten Geschmack.

FETA GEWÜRZ

Nicht nur solo mit Käse macht unser Feta Gewürz eine tolle Figur, auch Nudelkreationen mit mediterranem Twist rundet er optimal ab.

FRIKADELLEN GEWÜRZMIX

Diese Mischung verleiht Fleischsoßen und Veggie-Bolo eine kräftige Basis und feine Pfeffernoten.

GEMÜSEBRÜHE OHNE ZUCKERZUSATZ

Maximaler Geschmack ohne zugesetzten Zucker – unsere Gemüsebrühe ist die optimale Basis für feine Soßen und Suppen.

GRÜNER PESTO MIX

Ob als Dip oder als Soßenbasis für Nudeln – mit diesem Mix kannst Du das Pesto Deiner Träume super easy selbst machen.

ITALIAN ALLROUNDER

Typisch italienische Gewürze und Kräuter schenken mediterranen Nudelkreationen im Handumdrehen authentisch italienische Aromen.

KNOBLAUCHPFEFFER

Schön würzig, angenehm scharf – unser Knoblauchpfeffer sorgt für den nötigen Pfiff auf Deinem Teller.

LASAGNE GEWÜRZMIX

Mit diesem fruchtig-scharfen Mix bekommt nicht nur der käsige Ofen-Klassiker die perfekte Würze.

TOMATEN MOZZARELLA GEWÜRZ:

In Nudelsalaten oder leichten Pfannengerichten mit Gemüse sorgt diese Mischung für einen frischen Twist.

ZUCCHINI GEWÜRZMIX

Mit einer subtilen Süße und fruchtigen Aromen veredelt dieser Mix Zoodles und Gemüsesoßen spielend leicht.

Die Würze wäre geklärt – fehlen eigentlich nur noch die Nudeln, oder? Von uns aus kann es jetzt auch losgehen. Wir wünschen Dir viel Freude und noch mehr leckere Momente mit diesem Buch. Lass es Dir schmecken!

JUST SPICES
MY HEART BEATS FOR

1

2

3

4

NUDELN –
EINE WELTWEITE LOVESTORY

Unsere Liebe zu Nudeln ist schwer in Worte zu fassen. Aber wir versuchen es mal: Wenn nichts mehr hilft, dann helfen Nudeln. Sie machen jedes Gericht besser, geben jeder Soße einen Sinn und machen selbst ein fades Süppchen zum heißen Wohlfühlessen. Kaum eine kulinarische Grundlage ist so vielseitig, facettenreich und grandios gut wie die Nudel.

Deshalb wollen wir – vor den ersten Rezepten – unsere volle Aufmerksamkeit für einige Zeilen einzig und allein unserer verehrten Leibspeise widmen. Woher kommt die Köstlichkeit, was genau bedeutet eigentlich „Pasta" und wie kocht man die perfekte Portion Nudeln?

„PASTA" – AKA „TEIG"

Italien gilt als das Land der Pasta – Nudeln werden in allen Farben und Formen und mit unterschiedlichsten Füllungen serviert. Kein Wunder also, dass die Pasta das Hauptnahrungsmittel der Italiener ist.

Das international genutzte italienische Wort „Pasta" bedeutet übersetzt übrigens einfach nur „Teig", was einmal mehr verdeutlicht, wie vielseitig unsere Herzensspeise ist. Und mit dieser Vielseitigkeit hat die Nudel die Italiener schon vor mehreren Hundert Jahren um den Finger gewickelt und ihre Geschichte geprägt – und zwar so weit, dass gefühlt nichts auf der Welt diese zwei kulinarisch Liebenden entzweien könnte. Wäre da nicht eine Sache: Die Nudel kommt im Ursprung vielleicht gar nicht aus Italien. Zumindest nicht ausschließlich.

WOHER KOMMT DIE NUDEL WIRKLICH?

Um diesen kleinen Schock zu verarbeiten, müssen wir viele Jahre in der Geschichte zurückreisen. In China standen nämlich wohl schon während der Han-Dynastie (206 v. Chr. bis 220 n. Chr.) Klöße und Teigtaschen aus einer Art Nudelteig auf dem Speiseplan. Und auch aus dem antiken Griechenland soll es Schriftstücke und Kunstwerke geben, die die Herstellung von Nudelteig beschreiben. Ähnliche Überlieferungen gibt es auch aus dem arabischen und indischen Raum.

Tatsächlich geht man davon aus, dass sich zeitgleich in mehreren Regionen der Welt nudelartige Speisen entwickelt und etabliert haben. So ganz eindeutig lässt sich der Ursprung unserer Lieblingsspeise also nicht nachvollziehen. Auch der Mythos, dass der Entdecker Marco Polo die Pasta im 13. Jahrhundert von China nach Italien gebracht hat, könnte einen Funken Wahrheit beinhalten. Wer weiß?

DIE GEBURTSSTUNDE UNSERER PASTA

Im 12. Jahrhundert allerdings wird erstmals durch einen Geografen dokumentiert, dass in der Nähe von Palermo auf Sizilien Fäden aus Weizenmehl gekocht und gegessen werden – der erste schriftliche Beweis für Pasta nach unserem heutigen Verständnis. Dieses Schriftstück sorgte für enormes Interesse an der unbekannten Speise und somit für den Siegeszug der Pasta in ganz Italien und Europa.

Spätere Kunstwerke zeigen die sogenannten „neapolitanischen Maccheroni-Esser" – eingefleischte Nudel-Fans, die durch ihre Liebe zu Pasta in Gemälden verewigt und über die Landesgrenzen hinaus bekannt wurden.

Neapel entwickelte sich zeitweise zur absoluten Hoch-

burg für die liebevolle Produktion und den genussvollen Verzehr von Nudeln aller Art. Noch bis heute hält sich dieser Ruf, obwohl mittlerweile der Großteil aller Pasta weltweit maschinell hergestellt wird.

EIN ARME-LEUTE-ESSEN?

Übrigens: Früher galt die Pasta absolut nicht als feiner Leckerbissen oder ausgefallenes Comfort-Food. Weizen – der Hauptbestandteil des Nudelteiges – war ein günstiger, in großen Mengen vorhandener Rohstoff und machte schlichtweg satt. Auch deshalb hatte Pasta einen so riesigen Erfolg: Sie war durch alle gesellschaftlichen Schichten hinweg eine erschwingliche (und leckere) Basis für große Familienessen.

Und so begann die Nudel vielerorts nicht nur ein wichtiger Teil der Ernährung der Menschen zu werden, sondern auch die Esskultur im Ganzen zu prägen. Nudeln wurden vielseitiger, bunter, erhielten verschiedene Formen und köstliche Füllungen, wurden überall auf der Welt gekocht, gedünstet und frittiert.

Die verschiedenen Nudelarten

Deshalb lässt sich eines wohl recht sicher behaupten: Nudel ist absolut nicht gleich Nudel. Sie bereichert die Welt des Genusses in verschiedensten Formen, aber auch mit diversen Rezepturen. Durch die Verbreitung der Nudel in der ganzen Welt und die damit verbundenen kulturellen und geografischen Einflüsse (vorhandene Rohstoffe, Klima usw.) gibt es heute eine schier unendliche Vielfalt.

Damit Du einen groben Überblick bekommst, haben wir Dir hier die wichtigsten Unterscheide einmal zusammengefasst.

DER ITALIENISCHE KLASSIKER: PASTA AUS HARTWEIZEN

Ob in frischer Form (Pasta fresca) aus dem Kühlregal oder getrocknet (Pasta secca) in Papier verpackt: Das wohl berühmteste Pastarezept besteht in der Regel aus zwei zentralen Zutaten: Hartweizenmehl oder -grieß und Wasser. Die meisten Rezepte enthalten außerdem eine Prise Salz, einige etwas Öl, einzelne auch Ei. In der Regel ist vor allem die Pasta secca aber vegan, also ohne Zugabe von Ei. Der klassische Teig aus Hartweizen ist im Übrigen auch die Basis für gefüllte Nudeln wie Ravioli oder Tortellini.

Gut zu wissen: Ganz traditionell wird die Pasta secca nach dem Schneiden an der frischen Luft auf Leinen gehängt und getrocknet. Ein weiterer Grund, warum Italien sich zum populären Pastaland entwickelt hat – denn das warme und gleichzeitig windige Klima hat die Trocknung der Nudeln verhältnismäßig leicht gemacht. Bei traditionellen Pastamanufakturen dauert die Trocknung übrigens 1–3 Wochen, da der Teig schnell antrocknen und dann kühl und feucht abhängen soll. Große Fabriken hingegen trocknen die Pasta secca meist bei hohen Temperaturen um die 100 Grad in wenigen Stunden.

Im Übrigen ist nur die italienische Pasta wirklich als „Pasta" zu bezeichnen, alle anderen Sorten sind korrekt bezeichnet einfach „Nudeln".

Diese Gewürze passen perfekt zu klassischer Pasta aus Hartweizen:

DER GOLDGELBE ALLROUNDER: EIERNUDELN

Nicht nur in der deutschen Küche sind nudelartige Teigwaren mit Frischei in Form von Spätzle, Knöpfle & Co. äußerst beliebt. Auch in der italienischen Kochkunst und in diversen Küchen Asiens werden Nudelteige mit Frischei angereichert. Dadurch ergibt sich ein etwas anderer Geschmack und ein besonders zarter Biss in der Nudel. Im rohen Teig sorgt das Ei vor allem für bessere Klebereigenschaften, die den natürlichen Kleber im Weizen verstärken und dafür sorgen, dass die Pasta beim Kochen nicht zerfällt.

Diese Gewürze passen perfekt zu Eiernudeln:

DER LECKERE SATTMACHER: VOLLKORNPASTA

Für traditionelle Pasta wird meist Mehl verwendet, das ausschließlich aus dem Mehlkörper des gewählten Getreides gewonnen wird. Bei Vollkornpasta hingegen besteht das Mehl auch aus den äußeren Schichten und aus dem Keimling des Korns. Das sorgt für einen höheren Anteil an Nährstoffen und Ballaststoffen im Nudelteig – die Pasta hält unter anderem also länger satt und lässt den Blutzuckerspiegel etwas langsamer ansteigen. Vollkornnudeln schmecken etwas herber und nussiger und der Teig ist oft etwas „gröber" als beim italienischen Klassiker.

Diese Gewürze passen perfekt zu Vollkornpasta:

DIE ASIATISCHEN STARS: REIS- UND GLASNUDELN

Neben Mie-Nudeln und Udon-Nudeln, die ebenfalls aus Weizenmehl bestehen, begegnen uns in den verschiedenen Küchen Asiens hauptsächlich zwei Arten von Nudeln: Glasnudeln, die aus der Stärke von Mungobohnen bestehen, und Reisnudeln, die aus Reismehl hergestellt werden. Glasnudeln sind sehr dünn und in gekochtem Zustand beinahe durchsichtig. Reisnudeln hingegen sind weiß und sehen aus wie sehr feine Tagliatelle. Beide Sorten sind in der Regel glutenfrei und haben eine recht kurze Garzeit. Glasnudeln etwa müssen oftmals nur einmal mit heißem Wasser übergossen werden, um dann einige Minuten zu ziehen. Besonders zu leichten Currys oder Pfannengerichten mit Sojasoße eignen sich diese recht neutralen Nudelsorten perfekt.

Diese Gewürze passen perfekt zu Reis- und Glasnudeln:

DER NUSSIGE EXOT: SOBA-NUDELN

Etwas seltener begegnen uns die Soba-Nudeln – eine japanische Nudelsorte, die sich durch ihre grau-braune Farbe recht deutlich von anderen Sorten unterscheidet. „Soba" bedeutet übersetzt „Buchweizen", was neben Wasser die Hauptzutat des Nudelteiges ist. Auch die Soba-Nudel ist in der Regel glutenfrei und reich an Ballaststoffen. Der Geschmack ist angenehm nussig, was sie zum perfekten Match für kräftige Brühen oder Soßen auf Sojabasis macht.

Diese Gewürze passen perfekt zu Soba-Nudeln:

DIE LEICHTEN: NUDELN AUS GEMÜSE, HÜLSENFRÜCHTEN UND KONJAKMEHL

Frische Zoodles, kalorienarme Nudeln aus Konjakmehl und proteinreiche Hülsenfrüchte-Pasta: Auch für besonders leichte Mahlzeiten gibt es im Universum der Nudeln leckere Optionen. Ganz gleich, ob Du Dich nach dem Prinzip Low-Carb ernährst oder einfach etwas Abwechslung in Deine Nudel-Kreationen bringen möchtest – etwas weiter hinten im Buch bekommst Du alle Infos rund um die besonders leichten Varianten.

Diese Gewürze passen perfekt zu leichten Nudeln:

DIE EIGENKREATION: FRISCHE PASTA

Wenn Du ein ganz neues Nudelabenteuer brauchst, solltest Du es vielleicht mal mit Selfmade-Pasta probieren. Mit einem frischen Nudelteig erzeugst Du ein ganz neues Geschmackserlebnis auf dem Teller und kannst Deinen kulinarischen Horizont easy erweitern. Deshalb findest Du hier noch einmal das leckere Tagliatelle-Rezept aus unserem zweiten ***Kochbuch Einfach Italien.*** Mit dieser Anleitung zauberst Du ganz einfach eine Pasta wie von Mamma Lucia aus Neapel. Natürlich kannst Du aus diesem Teig auch nach Herzenslust andere Nudelformen und sogar gefüllte Variationen herstellen. Zumindest wenn Du etwas Zeit hast und Dein Magen noch nicht ganz so knurrt.

Grundrezept: Tagliatelle

4 Portionen
15 Minuten Zubereitung
30 Minuten Teigruhe

250 g Mehl, Type 00
150 g Hartweizengrieß
3 Eier
1 Eigelb
Salz

Das Mehl, den Grieß, die Eier, das Eigelb sowie 1 Prise Salz in einer Schüssel vermengen. Auf einer bemehlten Arbeitsfläche 5 Minuten mit den Händen zu einem glänzenden Teig kneten, bis er nicht mehr klebt. In Frischhaltefolie einwickeln und 30 Minuten bei Zimmertemperatur ruhen lassen.

Jeweils ein Drittel des Teigs auf eine bemehlte Arbeitsfläche geben und zu einem ca. 0,2 cm dünnen Rechteck ausrollen. Dabei reichlich Mehl benutzen, um die fertigen Tagliatelle leicht von der bemehlten Arbeitsfläche lösen zu können. Mit einem Messer ca. 25 cm lange und ca. 0,6 cm breite Tagliatelle schneiden und diese auf ein bemehltes Blech geben. Mit einem Tuch abdecken, bis der komplette Teig verarbeitet wurde.

In einem Topf reichlich Salzwasser zum Kochen bringen, die Tagliatelle für ca. 3 Minuten al dente kochen und abgießen.

Diese Gewürze passen perfekt zu frischen Nudeln:

Wenn Du in Sachen selbstgemachter Pasta wirklich nichts dem Zufall überlassen willst: Scanne diesen **QR-Code** – er führt Dich direkt zu unserem Do it yourself Pasta Kit mit allen Essentials für Deine Eigenkreation.

Bevor Deine Pastakochsession losgeht, wollen wir Dir noch schnell die für uns wichtigsten Tipps für die perfekte Pastazubereitung mit auf den Weg geben. Wenn Du diese Dinge beachtest, wirst Du recht zuverlässig mit einer köstlichen Portion Nudeln belohnt.

TIPPS FÜR DIE PERFEKTE PASTA

Ausreichend Wasser: Absolut entscheidend! Damit die Nudeln nicht verkleben, brauchen Sie genug Platz im kochenden Wasser. Etwa 1 Liter kommen dabei auf 100 Gramm Nudeln. Du brauchst also auch einen entsprechend großen Topf.

Die richtige Menge Salz: Das ist natürlich Geschmackssache. Es gibt aber einen groben Richtwert von etwa 1 Teelöffel Salz pro Liter Kochwasser.

Garzeiten beachten: Verschiedene Nudelsorten garen unterschiedlich schnell. Beachte die Empfehlung auf der Verpackung und mache regelmäßig Tests zur Bissfestigkeit. Leichter Widerstand beim Biss heißt: die Pasta ist perfekt al dente.

Nudelwasser aufbewahren: Ein wahrer Gamechanger in Sachen Pasta. Schütte niemals Dein gesamtes Nudelwasser beim Abgießen weg, sondern sichere 1–2 Kellen davon in einer Schüssel. Durch die enthaltene Stärke und das Salz kannst Du Soßen geschmacklich absolut harmonisch andicken, ohne extra eine Mehlschwitze machen zu müssen.

Bist Du nach diesem geballten Input an Nudelwissen bereit für die ersten köstlichen Rezepte? Die nächsten Seiten eröffnen Dir grandiose Nudelsalate, wunderbare Bowls und einige gebratene Nudelgerichte, die Du lieben wirst. Kann's losgehen?

JETZT SCANNEN UND ENTDECKEN:

BOWL
TOPPING

Udon-Nudel-Bowl

mit aromatischem Räuchertofu

Knackiger Brokkoli mit geräuchertem Tofu und Udon-Nudeln zusammen in einer Bowl? Klingt nach dem absoluten Schüsselglück! Die Mischung aus frischen und pikanten Zutaten macht Deine Bowl zum würzigen Abenteuer und unser Bowl Topping sorgt mit seiner orientalisch-nussigen Note für das gewisse Extra.

4 Portionen
30 Minuten Zubereitung

400 g Udon-Nudeln
4 EL Chilisoße
400 g Räuchertofu
2 Brokkoli
400 g Champignons oder Shiitake-Pilze
2 Stangen Frühlingslauch
4 EL Sonnenblumenöl
4 EL Sojasoße
8 Pr. Just Spices Bowl Topping

Die Udon-Nudeln nach Packungsanleitung zubereiten. Anschließend abgießen, kalt abspülen und mit der Chilisoße vermengen.

Den Räuchertofu in dünne Scheiben schneiden. Den Brokkoli in feine Röschen schneiden und waschen. Die Pilze putzen und in dünne Scheiben schneiden. Den Frühlingslauch waschen, putzen und in feine Ringe schneiden.

Den Brokkoli in Salzwasser ca. 5 Minuten kochen.

In einer Pfanne 2 EL Sonnenblumenöl erhitzen und den Tofu von beiden Seiten bei starker Hitze ca. 2 Minuten knusprig braten, herausnehmen und beiseitestellen. Das restliche Sonnenblumenöl in die Pfanne geben und die Pilze bei starker Hitze ca. 3 Minuten braten. Anschließend mit der Sojasoße ablöschen.

Alle Zutaten auf 4 Schüsseln verteilen und mit dem Bowl Topping garnieren.

NÄHRWERTE	KALORIEN	KH	DAVON ZUCKER	PROTEINE	FETT	DAVON GF	SALZ
PRO PORTION	658	83	9.4	38	18	2.3	0.65

Vegane Asia-Bowl

mit Mie-Nudeln, Tofu und Gemüse

Eine vegane Asia-Bowl, die kaum bunter sein könnte und nicht nur optisch, sondern auch geschmacklich so einiges zu bieten hat! Das Zusammenspiel aus aromatischem Tofu und süßer Ananas sorgt für ein unvergessliches Geschmackserlebnis. Wir lieben die Kombination aus süß und herzhaft – wie sieht es mit Dir aus?

4 Portionen
30 Minuten Zubereitung

Für den Tofu:
400 g Tofu
1 EL Sonnenblumenöl
2 EL Sojasoße
2 Pr. Just Spices Thai Allrounder

Für die Bowl:
250 g Mie-Nudeln
1 Gurke
3 Karotten
1 Ananas
2 Paprika, rot
2 Pak Choi
200 ml Wasser
4 EL Cashewkerne, geröstet
3 Pr. Salz
2 Pr. Just Spices Thai Allrounder

Den Tofu in ca. 0,5 × 0,5 cm große Würfel schneiden. In eine Schüssel geben und mit dem Sonnenblumenöl und dem Thai Allrounder vermengen.

Die Mie-Nudeln nach Packungsanleitung zubereiten, durch ein Sieb abgießen und abschrecken. Die Gurke waschen, beide Enden abschneiden und in ca. 0,2 cm dünne Scheiben schneiden. Die Karotten schälen und mit dem Sparschäler in dünne lange Streifen schneiden.

Die Ananas schälen und in ca. 0,2 × 0,2 cm große Würfel schneiden. Die Paprika waschen, halbieren, das Kerngehäuse entfernen und in ca. 0,2 cm dünne Streifen schneiden. Den Pak Choi vom Strunk befreien und waschen.

Eine Pfanne erhitzen, den Tofu hineingeben und bei mittlerer Hitze ca. 4 Minuten rundherum anbraten. Mit der Sojasoße ablöschen und ca. 20 Sekunden einköcheln lassen. Den Tofu aus der Pfanne nehmen und bis zum Anrichten beiseitestellen.

In derselben Pfanne das Wasser zum Kochen bringen, den Pak Choi hineingeben, mit dem Salz und dem Thai Allrounder würzen und ca. 2 Minuten köcheln lassen. Herausnehmen und mit den anderen Zutaten zusammen in 4 Schüsseln anrichten.

NÄHRWERTE	KALORIEN	KH	DAVON ZUCKER	PROTEINE	FETT	DAVON GF	SALZ
PRO PORTION	541	73	25	28	14	2.3	0.5

THAI
ALLROUNDER

Bunte Nudel-Bowl

mit knusprigem Erdnuss-Tofu

Essen macht froh, Nudeln machen uns glücklich und Bowls sowieso! Wir verleihen Deinem Tofu im Handumdrehen eine knusprige Panade, die nur noch von der exotischen Erdnusssoße getoppt werden kann. Schon mal Kimchi probiert? Das leuchtend rote, scharf-säuerliche Gemüse ist definitiv einen Versuch wert! Zusammen mit asiatischen Reisnudeln ist Dein Schüsselglück vollkommen.

4 Portionen
35 Minuten Zubereitung

Für die Erdnusssoße:
1 Chilischote
75 g geröstete Erdnüsse, ungesalzen
2 EL Sojasoße
150 ml Kokosmilch
1 Bio-Limette, Saft & Abrieb

Für den Tofu:
400 g Tofu
3 EL Mehl
2 EL Speisestärke
1 Pck. Backpulver

Für die Bowl:
400 g Reisnudeln
1 Handvoll junger Blattspinat
400 g Kimchi
1 EL Just Spices Asia Bowl Topping

Den Backofen auf 200 °C (Ober-/Unterhitze) vorheizen.

Für die Erdnusssoße die Chilischote waschen, halbieren, von Kernen und Scheidewänden befreien und grob hacken. Zusammen mit den Erdnüssen, der Sojasoße und Kokosmilch in einen Standmixer geben und fein mixen. Die Limette waschen, trocknen, die Schale abreiben und den Saft auspressen. Limettensaft und -abrieb zur Erdnusssoße geben und verrühren. 4 EL der Soße beiseitestellen.

Den Tofu in ca. 2 × 2 cm große Würfel schneiden und mit der restlichen Erdnusssoße vermengen. Das Mehl mit der Speisestärke und dem Backpulver in einem tiefen Teller vermischen und den Tofu darin wälzen. Anschließend auf ein mit Backpapier ausgelegtes Backblech legen und ca. 20 Minuten knusprig backen.

Währenddessen die Reisnudeln nach Packungsanleitung zubereiten, abschütten und kalt abschrecken. Den Spinat waschen und trocken schleudern. Den Kimchi grob hacken.

Die Reisnudeln in 4 Schüsseln geben, mit dem Spinat, Tofu und Kimchi belegen und mit dem Asia Bowl Topping garnieren. Nach Belieben die Erdnusssoße darüber träufeln und genießen.

NÄHRWERTE	KALORIEN	KH	DAVON ZUCKER	PROTEINE	FETT	DAVON GF	SALZ
PRO PORTION	768	102	3.9	28	26	11	3.2

Tipp: Statt Kimchi kannst Du auch fertiges Sauerkraut mit scharfer Chilisoße vermengen!

Asia-Nudel-Bowl

mit marinierter Hähnchenbrust

Die Basis dieser asiatischen Bowl bilden feine Glasnudeln und farbenfrohes Gemüse. Getoppt wird das Ganze dann noch mit Hähnchenbrust in einer schmackhaften Marinade. Während Sambal Oelek für ein leicht pikantes Aroma sorgt, steuert die Teriyaki-Soße gleichzeitig eine süßliche Note bei – einfach eine raffinierte Kombination! Und was darf bei Deiner bunten Asia-Nudel-Bowl niemals fehlen? Unser Asia Bowl Topping natürlich!

4 Portionen
35 Minuten Zubereitung
1 Stunde Ziehzeit

Für das Hähnchen:
2 Knoblauchzehen
1 Limette, Saft
1 EL Sambal Oelek
2 EL Teriyaki-Soße
2 Hähnchenbrustfilets, à 200 g
1 EL Sesamöl
1 TL Just Spices Asia Bowl Topping

Für die Bowl:
400 g Glasnudeln
3 Karotten
1 Gurke
1 Kopfsalat
½ Rettich, weiß
1 Limette, Saft
1 EL Sojasoße
1 TL Just Spices Asia Bowl Topping

Den Knoblauch schälen und fein schneiden. Die Limette halbieren und den Saft auspressen. Beides zusammen mit dem Sambal Oleg und der Teriyaki-Soße verrühren. Die Hähnchenbrust von Haut und Sehnen befreien, mit der Marinade vermengen und abgedeckt ca. 60 Minuten ziehen lassen.

Die Glasnudeln nach Packungsanleitung zubereiten, abschütten und abschrecken. Die Karotten schälen. Die Gurke waschen, beide Enden abschneiden, das Kerngehäuse entfernen und mit den Karotten in feine Streifen schneiden. Den Salat in grobe Stücke zupfen, waschen und trocken schleudern. Den Rettich schälen und in feine Streifen schneiden.

Für das Dressing die Limette halbieren, den Saft auspressen und mit der Sojasoße verrühren. Das Öl in einer Pfanne erhitzen und das Fleisch bei mittlerer Hitze ca. 4 Minuten braten, wenden und bei leichter Hitze ca. 5 weitere Minuten garen. Die Hitze erhöhen, die restliche Marinade hinzugeben und einkochen lassen.

Das Fleisch mit dem Asia Bowl Topping garnieren und in Scheiben schneiden. Alle Zutaten auf 4 Schüsseln verteilen, mit dem Dressing beträufeln und mit dem restlichen Asia Bowl Topping garnieren.

NÄHRWERTE	KALORIEN	KH	DAVON ZUCKER	PROTEINE	FETT	DAVON GF	SALZ
PRO PORTION	577	92	90	28	9.7	1.4	1.2

Tipp: Schmeckt auch super mit Tofu. Dazu einfach das Hähnchen gegen Tofu austauschen. Am besten über Nacht marinieren.

Fruchtige Glasnudel-Bowl

mit Lachs und Sesam

Diese bunte Bowl schreit doch förmlich nach Sommer und guter Laune! Während die Mango für ein exotisch-fruchtiges Geschmackserlebnis sorgt, lässt die Rote-Bete-Soße Deine Bowl in einem herrlichen Pink erstrahlen. Das Herzstück bildet das Lachsfilet in der Mitte, das durch unser Lachs Gewürz eine ganz besondere Frische erhält – ganz klar ein unverzichtbarer Mix für alle Lachs-Lover!

4 Portionen
20 Minuten Zubereitung
1 Stunde Ziehzeit

Für den Lachs:
4 EL Sojasoße
2 EL Sesam
1 EL Sesamöl
1 EL Zucker, braun
1 Bio-Limette, Saft & Abrieb
4 Lachsfilets, à ca. 150 g
1 EL Sonnenblumenöl
2 TL Just Spices Lachs Gewürz

Für die Rote-Bete-Soße:
200 g Rote Bete, gekocht
1 EL Misopaste
3 EL Reisessig
2 EL Sonnenblumenöl
2 EL Sojasoße
100 ml Wasser

Für die Bowl:
250 g Glasnudeln
200 g Zuckerschoten
1 Mango
1 Avocado
2 Handvoll junger Blattspinat

Für die Lachsmarinade die Sojasoße mit dem Sesam, Sesamöl, Zucker und dem Lachs Gewürz verrühren. Die Limette waschen und trocknen. Die Schale abreiben und den Saft auspressen. Limettensaft und -abrieb mit zur Marinade geben und vermengen. 4 EL der Marinade beiseitestellen. Den Lachs zur restlichen Marinade geben und abgedeckt ca. 60 Minuten im Kühlschrank ziehen lassen.

Für die Rote-Bete-Soße alle Zutaten in ein hohes Gefäß geben und mit einem Pürierstab zu einer cremigen Soße verarbeiten.

Die Glasnudeln nach Packungsanleitung zubereiten, abschütten und kalt abschrecken. Die Zuckerschoten waschen, beide Enden abschneiden und in kochendem Salzwasser ca. 20 Sekunden blanchieren, abgießen und ebenfalls kalt abschrecken.

Die Mango schälen, entkernen und in ca. 0,5 × 0,5 cm große Würfel schneiden. Die Avocado halbieren, aufdrehen und den Kern entfernen. Das Fruchtfleisch mit einem Löffel herausnehmen und in feine Scheiben schneiden. Den Spinat waschen und trocken schleudern.

In einer beschichteten Pfanne das Sonnenblumenöl erhitzen und den Lachs bei mittlerer Hitze von beiden Seiten ca. 2 Minuten braten.

Die Glasnudeln in 4 Schüsseln geben und die Zuckerschoten, Mango, Spinat, Avocado und Rote-Bete-Soße dazugeben. Den Lachs in der Mitte platzieren und mit der restlichen Marinade beträufeln.

NÄHRWERTE	KALORIEN	KH	DAVON ZUCKER	PROTEINE	FETT	DAVON GF	SALZ
PRO PORTION	808	75	18	38	39	8.6	2.2

Mie-Nudel-Bowl

mit Cashew-Dressing

Wir verwandeln asiatische Mie-Nudeln, knackiges Gemüse und ein cremiges Cashew-Dressing zu einem schnellen Feierabendgericht, das Dich rundum glücklich macht. Die Mischung aus gerösteten Cashewkernen, Ahornsirup und Limettensaft macht Dein Dressing zu einem kulinarischen Genuss. Das perfekte Zusammenspiel für alle Bowl-Liebhaber und Fans der asiatischen Küche!

4 Portionen
25 Minuten Zubereitung

Für das Cashew-Dressing:
1 Knoblauchzehe
50 g Cashewkerne, geröstet
2 EL Ahornsirup
150 ml Wasser
2 Limetten, Saft
1 EL Just Spices Asia Bowl Topping

Für die Bowl:
400 g Mie-Nudeln
250 g Zuckerschoten
1 Avocado
2 Römersalatherzen
1 Gurke
3 Karotten

Für das Dressing den Knoblauch schälen und zusammen mit den Cashewkernen, dem Ahornsirup und dem Wasser in ein hohes Gefäß geben. Das Asia Bowl Topping hinzugeben und mit einem Pürierstab fein mixen. Die Limetten halbieren und den Saft auspressen. Das Dressing durch ein feines Sieb passieren und mit dem Limettensaft verrühren.

Die Mie-Nudeln nach Packungsanleitung zubereiten, abschütten und kalt abschrecken.

Die Zuckerschoten waschen, beide Enden abschneiden und ca. 20 Sekunden kochen. Anschließend abschütten und kalt abschrecken. Die Avocado halbieren, aufdrehen, den Kern entfernen und das Fruchtfleisch mit einem Löffel herausnehmen. Die Avocado in feine Scheiben schneiden.

Den Salat halbieren, in feine Streifen schneiden, waschen und trocken schleudern. Die Gurke waschen, beide Enden abschneiden, längs halbieren und in dünne Scheiben schneiden. Die Karotten schälen und in feine Streifen schneiden.

Alle Zutaten in 4 Schüsseln geben und mit dem Dressing beträufeln.

NÄHRWERTE	KALORIEN	KH	DAVON ZUCKER	PROTEINE	FETT	DAVON GF	SALZ
PRO PORTION	557	92	18	18	12	2.2	0.33

Orientalische Nudel-Bowl

mit cremigem Hummus

Cremiger geht's kaum! Wenn Du unser selbstgemachtes Mandel-Hummus einmal getestet hast, landen garantiert so schnell keine fertigen Varianten mehr in Deinem Einkaufswagen. Super easy und so schnell zubereitet – wir können gar nicht genug davon bekommen! Für die perfekte vegane Bowl fehlen nur noch die Farfalle – die hübschen Schmetterlingsnudeln –, das knackige Gemüse und die gerösteten Kichererbsen. Guten Appetit!

4 Portionen
25 Minuten Zubereitung
20 Minuten Backzeit

Für die Bowl:
½ Dose Kichererbsen, à 400 g
3 EL Olivenöl
250 g Farfalle
1 Fenchel
1 EL Balsamicoessig, hell
1 Gurke
250 g Kirschtomaten
½ TL Just Spices Knoblauchpfeffer

Für das Mandel-Hummus:
1 Zitrone, Saft
½ Dose Kichererbsen, à 400 g
100 g Mandeln, gehobelt
1 EL Tahina
50 ml Olivenöl
8 Pr. Salz
½ TL Just Spices Knoblauchpfeffer

Den Backofen auf 200 °C (Ober-/Unterhitze) vorheizen.

Die Kichererbsen durch ein Sieb abgießen und abbrausen. Für die gebackenen Kichererbsen die Hälfte der Kichererbsen in einer Schüssel mit 2 EL Olivenöl und ½ TL Knoblauchpfeffer vermengen. Auf ein mit Backpapier ausgelegtes Backblech geben und ca. 20 Minuten knusprig backen.

Währenddessen für das Mandel-Hummus die Zitrone halbieren und den Saft auspressen. Den Zitronensaft zusammen mit den restlichen Kichererbsen, gehobelten Mandeln, Tahina und Olivenöl in ein hohes Gefäß geben und mit einem Pürierstab fein mixen. Mit dem Salz und Knoblauchpfeffer abschmecken.

In einem Topf reichlich Salzwasser zum Kochen bringen und die Farfalle nach Packungsanleitung al dente kochen. Anschließend abgießen und abschrecken.

Den Fenchel waschen, halbieren, vom Strunk befreien und mit einem Gemüsehobel in feine Scheiben schneiden. In einer Schüssel mit 1 EL Olivenöl und dem Balsamicoessig marinieren.

Die Gurke waschen, beide Enden abschneiden und mundgerecht würfeln. Die Tomaten waschen und halbieren.

Das Hummus in der Mitte von 4 Schüsseln platzieren und die restlichen Zutaten daneben verteilen.

NÄHRWERTE	KALORIEN	KH	DAVON ZUCKER	PROTEINE	FETT	DAVON GF	SALZ
PRO PORTION	721	69	7.3	23	39	4.8	1.2

Einfache Nudel-Bowl

mit mediterranem Ofengemüse

Diese bunte Nudel-Bowl mit mediterranem Ofengemüse wird Dein Herz höher schlagen lassen! Die Zubereitung ist ganz easy: Du gibst einfach Dein liebstes Gemüse zusammen mit gutem Olivenöl und unserem Ofengemüse Gewürzmix in den Backofen und lässt Großartiges entstehen. Fehlen nur noch Nudeln, Rucola, Mozzarella und getrocknete Tomaten und schon hast Du die perfekte mediterrane Bowl gezaubert. Viel Spaß dabei!

4 Portionen
20 Minuten Zubereitung
25 Minuten Backzeit

Für das Ofengemüse:
1 Paprika, rot
1 Paprika, gelb
1 Zucchini
1 Fenchel
1 EL Olivenöl
2 TL Just Spices Ofengemüse Gewürzmix

Für die Bowl:
300 g kurze Nudeln
2 Handvoll Rucola
75 g getrocknete Tomaten, in Öl
250 g Mini Mozzarellakugeln
1 EL Balsamicoessig, dunkel
1 EL Olivenöl
1 TL Just Spices Ofengemüse Gewürzmix

Den Backofen auf 185 °C (Ober-/Unterhitze) vorheizen. Die Paprika waschen, halbieren, das Kerngehäuse entfernen und in mundgerechte Stücke schneiden. Die Zucchini waschen, beide Enden abschneiden, vierteln, das Kerngehäuse entfernen und in ca. 3 cm lange Stifte schneiden. Den Fenchel waschen, vierteln, vom Strunk befreien und mundgerecht würfeln.

Das Gemüse in eine Schüssel geben und mit dem Olivenöl und dem Ofengemüse Gewürzmix marinieren. Auf ein mit Backpapier ausgelegtes Backblech geben und ca. 25 Minuten backen.

In der Zwischenzeit in einem Topf reichlich Salzwasser zum Kochen bringen und die Nudeln nach Packungsanweisung al dente kochen, abgießen und kalt abschrecken.

Den Rucola waschen und trocken schleudern. Die getrockneten Tomaten in grobe Stücke schneiden. Die Mozzarellakugeln abgießen. Für das Dressing den Balsamicoessig mit dem Olivenöl in einer Schüssel verrühren und mit dem Ofengemüse Gewürzmix würzen.

Alle Zutaten zusammen mit dem Ofengemüse in 4 Schüsseln geben und mit dem Dressing beträufeln.

NÄHRWERTE	KALORIEN	KH	DAVON ZUCKER	PROTEINE	FETT	DAVON GF	SALZ
PRO PORTION	558	65	11	24	22	10	1.1

ITALIAN
STULLEN
SPICE

Bunte Italian-Bowl

mit frischem Gemüse und Penne

Du kannst Dich nicht entscheiden, ob Dein Herz heute für eine frische Bowl schlägt oder Dir doch eher nach Pasta ist? Tadaa – hier haben wir die perfekte Kombination aus beidem für Dich! Knackiges Gemüse trifft auf leckere Pasta und zusammen mit einem würzigen Dressing erhältst Du eine italienische Bowl, die garantiert für gute Laune sorgt.

4 Portionen
20 Minuten Zubereitung

Für die Bowl:
200 g Penne
4 EL Olivenöl
8 Strauchtomaten
100 g Kirschtomaten
2 Zwiebeln, rot
1 Gurke
2 Handvoll Rucola
4 Pr. Just Spices Italian Stullen Spice

Für das Dressing:
12 EL Olivenöl
6 EL Balsamicoessig, hell
2 EL Honig
8 Pr. Just Spices Italian Stullen Spice

In einem Topf reichlich Salzwasser zum Kochen bringen, die Penne nach Packungsanleitung al dente kochen und abgießen. Anschließend mit dem Olivenöl und dem Italien Stullen Spice vermengen.

Die Tomaten waschen und in Scheiben schneiden. Die Zwiebeln schälen und in feine Streifen schneiden. Die Gurke waschen, beide Enden abschneiden und in schräge Scheiben schneiden. Den Rucola waschen und trocken schleudern.

Für das Dressing alle Zutaten miteinander verrühren.

Die Zutaten in 4 Schüsseln anrichten und mit dem Dressing beträufelt servieren.

NÄHRWERTE	KALORIEN	KH	DAVON ZUCKER	PROTEINE	FETT	DAVON GF	SALZ
PRO PORTION	610	52	16	8.3	41	6	0.28

Tipp: Für eine vegane Bowl kannst Du den Honig einfach durch Agavendicksaft ersetzen.

Italienische Nudel-Bowl

mit Zucchini, Rucola und Oliven

Eine bunte italienische Bowl, die nicht nur optisch, sondern auch geschmacklich echt was hermacht. Denn eins steht fest: Das Auge isst mit, und schön angerichtet schmeckt's doch gleich noch besser! Unser Grüner Pesto Mix bringt jede Menge mediterrane Kräuter mit sich und verleiht Deiner Pasta im Handumdrehen die besonders leckere italienische Note.

4 Portionen
25 Minuten Zubereitung

Für die Nudeln:
400 g Vollkorn-Fusilli
4 EL Olivenöl
2 EL Wasser
4 TL Just Spices Grüner Pesto Mix

Für das Gemüse:
2 Zucchini
4 Handvoll Rucola
2 Paprika, gelb
1 EL Olivenöl
2 Handvoll Oliven, grün
4 Pr. Salz
8 Pr. Just Spices Italian Bowl Topping

In einem Topf reichlich Salzwasser zum Kochen bringen und die Fusilli nach Packungsanleitung al dente kochen.

In der Zwischenzeit das Olivenöl mit dem Wasser und dem Grünen Pesto Mix in eine Schüssel geben und vermischen. Die Fusilli abgießen, sofort mit dem Pesto vermengen und beiseitestellen.

Die Zucchini waschen, beide Enden abschneiden, halbieren und in dünne Scheiben schneiden. Den Rucola waschen und trocken schleudern. Die Paprika waschen, halbieren, das Kerngehäuse entfernen und in mundgerechte Würfel schneiden.

Das Olivenöl in einer Pfanne erhitzen und das Gemüse ca. 5 Minuten braten. Mit dem Salz würzen.

Alle Zutaten in 4 Schüsseln geben und mit dem Italian Bowl Topping garnieren.

NÄHRWERTE	KALORIEN	KH	DAVON ZUCKER	PROTEINE	FETT	DAVON GF	SALZ
PRO PORTION	499	77	6.1	16	14	2	0.37

GRÜNER PESTO MIX
ITALIAN BOWL TOPPING

Klassischer Nudelsalat

wie wir ihn lieben

Ein Klassiker, der auf keiner Grillparty oder Geburtstagsfeier fehlen darf! Schön bunt und rundum lecker – schmeckt mit Sicherheit der ganzen Familie. Der sommerliche Salat erhält durch das knackige Gemüse und cremige Dressing eine herrliche Frische und unser Knoblauchpfeffer verleiht ihm den letzten Kick. Einfach genial!

8 Portionen
30 Minuten Zubereitung
1 Stunde Ziehzeit

Für den Nudelsalat:
400 g Fusilli
150 g Erbsen, tiefgekühlt
1 Paprika, rot
1 Paprika, gelb
2 Karotten
3 Stangen Frühlingslauch
300 g Kochschinken
150 g Bergkäse

Für das Dressing:
200 g Naturjoghurt
2 EL Balsamicoessig, hell
8 Pr. Salz
1 TL Just Spices Knoblauchpfeffer

In einem Topf reichlich Salzwasser zum Kochen bringen und die Fusilli nach Packungsanleitung al dente kochen, abgießen und abschrecken. 2 Minuten vor Ende der Garzeit die Erbsen mit ins Kochwasser geben. Anschließend in eine große Schüssel geben.

Die Paprika waschen, halbieren, das Kerngehäuse entfernen und in ca. 0,5 × 0,5 cm große Würfel schneiden. Die Karotten schälen und ebenfalls in ca. 0,5 × 0,5 cm große Würfel schneiden. Den Frühlingslauch waschen, putzen und in feine Röllchen schneiden. Den Schinken und den Käse in feine Streifen schneiden.

Alle Zutaten zu den Nudeln geben.

Für das Dressing alle Zutaten in einer kleinen Schüssel verrühren und zu dem Nudelsalat geben, gründlich untermischen und ca. 60 Minuten ziehen lassen.

Je nach Belieben vor dem Servieren mit Salz und Knoblauchpfeffer abschmecken.

NÄHRWERTE	KALORIEN	KH	DAVON ZUCKER	PROTEINE	FETT	DAVON GF	SALZ
PRO PORTION	338	42	6.5	22	8.8	4.6	1.4

Thai-Nudelsalat

mit würzigem Erdnuss-Dressing

Cremige Erdnussbutter trifft auf feurige Chili, würzige Sojasoße und aromatisches Sesamöl – ein echter Urlaub für Deine Geschmacksknospen! Und welche Nudelsorte passt wohl am besten zu Deinem asiatisch angehauchte Nudelsalat? Breite Reisbandnudeln natürlich! Mit unserem Asia Bowl Topping ist Dein Thai-Erlebnis komplett.

4 Portionen
30 Minuten Zubereitung

Für das Erdnuss-Dressing:
1 Chilischote
60 g Erdnussbutter
2 EL Sojasoße
2 TL Sesamöl
100 ml Wasser
1 TL Just Spices Asia Bowl Topping

Für den Salat:
400 g breite Reisbandnudeln
1 Gurke
1 Rettich, schwarz
2 Paprika, rot
1 Karotte
4 Stangen Frühlingslauch
1 TL Just Spices Asia Bowl Topping

Für das Dressing die Chilischote halbieren, die Samen und Scheidewände entfernen und zusammen mit der Erdnussbutter, der Sojasoße, dem Sesamöl und dem Wasser in ein hohes Gefäß geben. Mit einem Pürierstab fein mixen und anschließend mit dem Asia Bowl Topping würzen.

Die Reisbandnudeln nach Packungsanleitung zubereiten und kalt abschrecken. Die Gurke waschen, beide Enden abschneiden, entkernen und in feine Streifen schneiden. Den Rettich schälen und in feine Streifen schneiden. Die Paprika waschen, halbieren und das Kerngehäuse entfernen. Die Karotte schälen und zusammen mit den Paprika in feine Streifen schneiden. Den Frühlingslauch waschen, putzen und in feine Ringe schneiden.

Das Gemüse zusammen mit den Reisbandnudeln auf 4 Schüsseln verteilen und mit dem Erdnuss-Dressing marinieren. Anschließend mit dem Asia Bowl Topping garnieren und servieren.

NÄHRWERTE	KALORIEN	KH	DAVON ZUCKER	PROTEINE	FETT	DAVON GF	SALZ
PRO PORTION	535	96	11	10	12	1.9	0.94

Tipp: Weißer Rettich eignet sich für den Salat ebenfalls super.

CURRY

Veganer Asia-Nudelsalat

mit buntem Gemüse

Dieser vegane Nudelsalat mit buntem Gemüse beweist auf besonders leckere Art, wie einwandfrei sich Nudelsalate in die asiatische Küche integrieren lassen. Aus Spaghetti, knackigem Gemüse und einem asiatisch angehauchten Dressing zauberst Du im Handumdrehen einen würzig-frischen Salat, der das nächste Picknick mit Deinen Liebsten in ein kulinarisches Highlight verwandelt.

4 Portionen
30 Minuten Zubereitung

250 g Spaghetti
2 EL Sojasoße
1 EL Balsamicoessig, hell
3 EL Sonnenblumenöl
1 Blumenkohl, klein
1 Gurke
150 g Kirschtomaten
2 Pr. Salz
4 Pr. Just Spices Curry

In einem Topf reichlich Salzwasser zum Kochen bringen, die Spaghetti halbieren und nach Packungsanleitung al dente kochen. In eine Schüssel abgießen und sofort mit der Sojasoße, dem Balsamicoessig, 2 EL Sonnenblumenöl und dem Curry vermengen. Anschließend auskühlen lassen.

Den Blumenkohl in kleine Röschen schneiden und gründlich waschen. In einer Pfanne das restliche Sonnenblumenöl erhitzen und die Röschen bei mittlerer Hitze ca. 5 Minuten goldbraun braten. Anschließend zu den Nudeln geben.

Die Gurke waschen, beide Enden abschneiden und mit einem Sparschäler feine Streifen abschälen. Die Tomaten waschen und vierteln, dann zusammen mit der Gurke zu den restlichen Zutaten geben, mit dem Salz abschmecken und servieren.

NÄHRWERTE	KALORIEN	KH	DAVON ZUCKER	PROTEINE	FETT	DAVON GF	SALZ
PRO PORTION	333	49	5.1	11	9.9	1.2	0.3

Tipp: Anstelle der Spaghetti kannst Du hier auch super Mie-Nudeln verwenden.

Mediterraner Nudelsalat

mit buntem Ofengemüse

Du bist auf der Suche nach einem verlockenden Begleiter für die nächste Grillparty? Wie klingt ein mediterraner Salat mit hübschen Muschelnudeln, buntem Gemüse und nussigem Rucola für Dich? Da kann niemand widerstehen! Für das mediterrane Aroma braucht es dann auch nicht viel mehr als ein feines Olivenöl, etwas Balsamicoessig und natürlich unseren perfekt passenden Ofengemüse Gewürzmix.

4 Portionen
25 Minuten Zubereitung
20 Minuten Backzeit

1 Zucchini
1 Paprika, rot
1 Paprika, gelb
1 Aubergine
3 EL Olivenöl
350 g Kirschtomaten
2 Handvoll Rucola
400 g Muschelnudeln, klein
3 EL Balsamicoessig, dunkel
4 Pr. Salz
3 TL Just Spices Ofengemüse Gewürzmix

Den Backofen auf 190 °C (Ober-/Unterhitze) vorheizen.

Die Zucchini waschen, beide Enden abschneiden, vierteln und in kleine Würfel schneiden. Die Paprika waschen, halbieren, das Kerngehäuse entfernen und in grobe Stücke schneiden. Die Aubergine waschen, beide Enden abschneiden und in lange, dünne Scheiben schneiden. Die Scheiben anschließend würfeln.

Das Gemüse in eine Schüssel geben und mit 2 EL Olivenöl und 2 TL Ofengemüse Gewürzmix marinieren. Auf ein mit Backpapier ausgelegtes Backblech geben und ca. 20 Minuten backen.

Währenddessen die Tomaten waschen und halbieren. Den Rucola waschen und trocken schleudern.

In einem Topf reichlich Salzwasser zum Kochen bringen und die Muschelnudeln nach Packungsanleitung al dente kochen und abgießen. Zusammen mit den Tomaten in eine Schüssel geben, das restliche Olivenöl, den Balsamicoessig und den restlichen Ofengemüse Gewürzmix hinzugeben und mit dem Salz abschmecken.

Das Ofengemüse und den Rucola unterheben und servieren.

NÄHRWERTE	KALORIEN	KH	DAVON ZUCKER	PROTEINE	FETT	DAVON GF	SALZ
PRO PORTION	496	83	13	17	9.7	1.5	0.78

ITALIENISCHES
NUDELSALAT
GEWÜRZ
JUST
SPICES

Italienischer Nudelsalat

mit Rucola und Mozzarella

So easy und lecker zugleich! Geröstete Pinienkerne runden diesen italienischen Nudelsalat mit frischem Rucola, knackigen Tomaten und cremigem Mozzarella perfekt ab. Eins steht fest: Mit diesem Nudelsalat wird Deine nächste Grillparty noch lange in Erinnerung bleiben. Und damit auch genug Zeit für alle anderen Vorbereitungen bleibt, lässt sich dieser Nudelsalat problemlos vorbereiten und anschließend stressfrei genießen.

4 Portionen
20 Minuten Zubereitung
1 Stunde Ziehzeit

200 g Fusilli
4 EL Olivenöl
250 g Kirschtomaten
60 g Pinienkerne
2 Handvoll Rucola
250 g Mini-Mozzarellakugeln
2 EL Balsamicoessig, weiß
6 Pr. Just Spices Italienisches Nudelsalat Gewürz

In einem Topf reichlich Salzwasser zum Kochen bringen, die Fusilli nach Packungsanleitung al dente kochen und abgießen.

Die noch warmen Nudeln mit dem Italienischen Nudelsalat Gewürz und dem Olivenöl vermengen.

Anschließend die Tomaten waschen und halbieren. Die Pinienkerne in einer beschichteten Pfanne ohne Fett bei mittlerer Hitze goldgelb anrösten. Dabei gelegentlich umrühren, damit die Kerne nicht verbrennen. Die Pinienkerne aus der Pfanne nehmen und beiseitestellen.

Den Rucola waschen und trocken schleudern. Die Mozzarellakugeln abgießen und zusammen mit den Tomaten, Pinienkernen und dem Balsamicoessig unter die Nudeln heben. Den Salat ca. 60 Minuten ziehen lassen und kurz vor dem Servieren den Rucola unterheben.

NÄHRWERTE	KALORIEN	KH	DAVON ZUCKER	PROTEINE	FETT	DAVON GF	SALZ
PRO PORTION	529	40	2.8	21	31	11	0.46

Italienischer Nudelsalat

mit gegrilltem Hähnchen

Höchste Zeit, den Grill anzuschmeißen! Mit unserem italienischen Nudelsalat ist für das perfekte Sommergericht gesorgt. Der mediterrane Salat wird mit einem lecker-leichten Dressing und gegrillter Hähnchenbrust serviert. Frische Kräuter und die passende Würze dürfen natürlich auch nicht fehlen – wie gut, dass mit unserem Italienischen Hähnchen Gewürz nichts mehr schiefgehen kann!

4 Portionen
30 Minuten Zubereitung

250 g Penne
100 g Parmesan
200 g Kirschtomaten
1 Beet Kresse
½ Bund Petersilie
2 EL Balsamicoessig, hell
1 TL Senf, mittelscharf
6 EL Olivenöl
2 Hähnchenbrustfilets, à 160 g
6 Pr. Just Spices
Italienisches Hähnchen Gewürz

In einem Topf reichlich Salzwasser zum Kochen bringen und die Penne nach Packungsanleitung al dente kochen, abgießen und kurz kalt abbrausen. Anschließend in eine große Schüssel geben.

Den Grill auf 200–250 °C vorheizen.

Den Parmesan grob raspeln und beiseitestellen. Die Tomaten waschen und vierteln. Die Kresse mit einer Schere abschneiden. Die Petersilie waschen, trocken tupfen und grob schneiden. Alle Zutaten zu den Nudeln geben.

Aus dem Balsamicoessig, dem Senf und 5 EL Olivenöl ein Dressing anrühren. Mit 2 Prisen Italienischem Hähnchen Gewürz abschmecken. Den Salat mit dem Dressing vermengen und beiseitestellen.

Das Fleisch mit 1 EL Olivenöl und 4 Prisen Italienischem Hähnchen Gewürz marinieren. Anschließend auf dem Grill bei direkter Hitze von beiden Seiten ca. 2 Minuten grillen. Dann bei indirekter Hitze ca. 8–10 Minuten ziehen lassen. Vom Grill nehmen, erneut kurz ruhen lassen und in fingerdicke Scheiben schneiden. Die Scheiben nach Belieben etwas zerrupfen und den Salat damit garnieren.

NÄHRWERTE	KALORIEN	KH	DAVON ZUCKER	PROTEINE	FETT	DAVON GF	SALZ
PRO PORTION	586	47	2.8	37	28	8.1	1.2

Tipp: Die Hähnchenbrustfilets können natürlich auch in der Pfanne zubereitet werden.

ITALIENISCHES
HÄHNCHEN
GEWÜRZ

GRIECHISCHER
DRESSING
MIX
JUST
SPICES

Griechischer Tortellinisalat

mit Feta und Oliven

Tortellini neu interpretiert: hier vereint sich der italienische Pasta-Klassiker mit den einzigartigen Aromen der griechischen Küche zu einem herrlich leichten Sommersalat. Sommer, Sonne, Picknick: Der Tortellinisalat ist perfekt für eine Mahlzeit im Grünen! Er lässt sich ganz einfach und schnell zubereiten, in einer Lunchbox verpacken und überall genießen!

4 Portionen
20 Minuten Zubereitung

500 g Tortellini, Spinat-Ricotta-Füllung
1 Zwiebel, rot
½ Gurke
10 Kirschtomaten
75 g Oliven, schwarz
5 EL Olivenöl
2 EL Balsamicoessig, hell
100 g Feta
4 Pr. Just Spices Griechischer Dressing Mix

In einem Topf reichlich Salzwasser zum Kochen bringen und die Tortellini nach Packungsanleitung zubereiten.

Die Tortellini abgießen und kurz kalt abschrecken. Sie dürfen ruhig noch lauwarm sein.

Die Zwiebel schälen und fein würfeln. Die Gurke waschen, beide Enden abschneiden, entkernen und ebenfalls würfeln. Die Tomaten waschen, trocken tupfen und vierteln. Die Oliven durch ein Sieb abgießen und abtropfen lassen.

In einer großen Schüssel das Olivenöl mit dem Balsamicoessig und dem Griechischen Dressing Mix verrühren. Das Gemüse hinzufügen, die Tortellini unterheben und ca. 10 Minuten ziehen lassen.

Den Feta fein würfeln und über dem Salat verteilen.

NÄHRWERTE	KALORIEN	KH	DAVON ZUCKER	PROTEINE	FETT	DAVON GF	SALZ
PRO PORTION	458	31	4.5	28	25	6.7	3.2

Griechischer Orzo-Salat

mit Oliven und getrockneten Tomaten

Orzo-Nudeln sind kleine reisförmige Nudeln, die auch unter dem Namen Kritharaki oder Risoni bekannt sind und häufig in der griechischen Küche verwendet werden. Zusammen mit schwarzen Oliven, getrockneten Tomaten und knackigem Gemüse lässt Dich unser Orzo-Salat von der griechischen Sonne träumen. Mit unserem Griechischen Dressing Mix steht der kulinarischen Reise endgültig nichts mehr im Weg.

4 Portionen
20 Minuten Zubereitung

Für das Dressing:
1 Zitrone, Saft
4 EL Olivenöl
2 TL Just Spices Griechischer Dressing Mix

Für den Salat:
250 g Orzo-Nudeln
1 Gurke
1 Paprika, rot
50 g getrocknete Tomaten, in Öl
1 Zwiebel, rot
250 g Kirschtomaten
150 g Oliven, entsteint
4 Pr. Salz

Für das Dressing die Zitrone halbieren, den Saft auspressen und mit dem Olivenöl und dem Griechischen Dressing Mix verrühren.

In einem Topf reichlich Salzwasser zum Kochen bringen und die Orzo-Nudeln nach Packungsanleitung al dente zubereiten, abgießen und in eine große Schüssel geben. Mit dem Dressing verrühren und kaltstellen.

Die Gurke waschen, beide Enden abschneiden, vierteln und entkernen. Die Paprika waschen, das Kerngehäuse entfernen und zusammen mit der Gurke in ca. 1 × 1 cm große Würfel schneiden.

Die getrockneten Tomaten grob hacken. Die Zwiebel schälen, halbieren und in feine Spalten schneiden. Die Kirschtomaten waschen und halbieren. Die Oliven durch ein Sieb abgießen und abtropfen lassen. Alles zu den Nudeln geben, gründlich vermengen und mit dem Salz abschmecken.

NÄHRWERTE	KALORIEN	KH	DAVON ZUCKER	PROTEINE	FETT	DAVON GF	SALZ
PRO PORTION	409	53	7.7	10	16	2.3	2.7

Tipp: Nach Geschmack kann hier auch noch Feta mit eingearbeitet werden.

Mexikanischer Nudelsalat

mit Chipotle-Soße

Dieser mexikanische Nudelsalat hat ordentlich Pfiff und bringt Abwechslung auf Dein Partybuffet! Süßer Mais und Kidneybohnen dürfen bei unserer mexikanisch angehauchten Variante natürlich nicht fehlen. Das Chipotle-Dressing erhält durch die Chilisoße und unser Scharfes Topping eine raffinierte, pikante Note und die Limette sorgt zum Schluss noch für eine angenehme Frische!

4 Portionen
20 Minuten Zubereitung

Für den Salat:
400 g kurze Nudeln, nach Wahl
2 Maiskolben
2 TL Butter
1 Dose Kidneybohnen, à 400 g
1 Zwiebel, rot
1 Bund Koriander
350 g Kirschtomaten
3 Pr. Salz
6 Pr. Just Spices Scharfes Topping

Für das Dressing:
2 EL Mayonnaise
3 EL Chilisoße
2 Bio-Limetten, Saft & Abrieb
8 Pr. Salz
2 TL Just Spices Scharfes Topping

In einem Topf reichlich Salzwasser zum Kochen bringen und die Nudeln nach Packungsanleitung al dente kochen, abgießen und abschrecken.

Den Mais am Kolben entlang abschneiden, in ein Sieb geben, abbrausen und abtropfen lassen. Die Butter in einer Pfanne erhitzen und den Mais bei starker Hitze ca. 3 Minuten braten. Mit 2 Prisen Scharfem Topping und dem Salz würzen.

Die Kidneybohnen durch ein Sieb abgießen, abbrausen und abtropfen lassen. Die Zwiebel schälen, halbieren und fein würfeln. Den Koriander waschen, trocken tupfen und fein schneiden. Die Tomaten waschen und halbieren.

Alle Zutaten für den Salat mit den Nudeln in eine große Schüssel geben.

Für das Dressing die Mayonnaise mit der Chilisoße in einer Schüssel verrühren. Die Limette waschen, abtrocknen, die Schale einer Limette abreiben und den Saft beider Limetten auspressen. Limettenabrieb und -saft mit dem Scharfen Topping und Salz in die Schüssel geben und verrühren.

Das Dressing zum Nudelsalat geben und jede Portion mit einer Prise Scharfem Topping garnieren.

NÄHRWERTE	KALORIEN	KH	DAVON ZUCKER	PROTEINE	FETT	DAVON GF	SALZ
PRO PORTION	617	100	9.2	26	11	3.8	1.9

Thailändisches Pad Thai

mit zartem Hähnchenbrustfilet

Würziges Pad Thai ist ein absoluter Klassiker der thailändischen Küche! Nudeln, knackiges Gemüse und saftige Hähnchenbrust werden durch eine perfekt abgestimmte Soße zum absoluten Geschmackshighlight! Unser Asia Allrounder verleiht Deinem Pad Thai den typisch asiatischen Touch, Erdnüsse sorgen für ein knuspriges Topping und die Limette bringt noch einmal ordentlich Frische ins Spiel.

4 Portionen
40 Minuten Zubereitung

Für das Pad Thai:
400 g Pad-Thai-Nudeln
2 Paprika, rot
3 Karotten
3 Stangen Frühlingslauch
2 Schalotten
3 Knoblauchzehen
250 g Hähnchenbrustfilet
2 EL Sonnenblumenöl
3 EL geröstete Erdnüsse, gehackt

Für die Soße:
2 Limetten, Saft
4 EL Fischsoße
1 EL Rohrohrzucker
1 EL Sojasoße
2 TL Just Spices Asia Allrounder

Die Pad-Thai-Nudeln nach Packungsanleitung zubereiten, abschütten und kalt abschrecken.

Währenddessen die Paprika waschen, halbieren, das Kerngehäuse entfernen und in dünne Streifen schneiden. Die Karotten schälen und mit einem Sparschäler in Streifen schneiden. Den Frühlingslauch waschen, putzen und in feine Ringe schneiden. Die Schalotten schälen, halbieren und ebenfalls in feine Ringe schneiden. Den Knoblauch schälen und fein schneiden. Die Hähnchenbrust von Haut und Sehnen befreien und in mundgerechte Stücke schneiden.

Für die Soße die Limetten halbieren, den Saft auspressen und mit den restlichen Zutaten in einer Schüssel verrühren.

In einer breiten Pfanne das Sonnenblumenöl erhitzen. Das Hähnchen bei starker Hitze ca. 2 Minuten anbraten und aus der Pfanne nehmen. Das Gemüse bis auf den Frühlingslauch in die Pfanne geben und bei mittlerer Hitze ca. 3 Minuten braten. Die Nudeln hinzugeben, 4 Minuten mitbraten und anschließend mit der Soße ablöschen. Unter Rühren ca. 1 Minute köcheln lassen. Zum Schluss das Fleisch und den Frühlingslauch unterheben und 1 Minute mitgaren.

Das Pad Thai auf Tellern anrichten und mit den Erdnüssen garnieren.

NÄHRWERTE	KALORIEN	KH	DAVON ZUCKER	PROTEINE	FETT	DAVON GF	SALZ
PRO PORTION	627	88	17	33	15	1.9	0.88

Gebratene Asia-Nudeln

mit Curry-Erdnusssoße

Erdnuss-Liebhaber aufgepasst! Diese gebratenen Asia-Nudeln mit cremiger Erdnusssoße weisen großes Potenzial auf, Dein neues Lieblingsgericht zu werden. Die säuerliche Note der Limette, würzige Sojasoße und unser Curry Hähnchen Gewürz verleihen diesem Gericht das gewisse Extra. Zusammen mit knackigem Pfannengemüse und frischem Salat holst Du Dir ein Stück Asien direkt in Deine Küche!

4 Portionen
20 Minuten Zubereitung

Für die Nudeln:
250 g Mie-Nudeln
200 g Zuckerschoten
3 Karotten
2 Romana Salatherzen
2 EL Sonnenblumenöl
2 EL Edamame
2 Pr. Salz

Für die Curry-Erdnusssoße:
1 Limette, Saft
3 EL Erdnussmus
2 EL Sojasoße
2 EL Sonnenblumenöl
2 Pr. Just Spices Curry Hähnchen Gewürz

Die Mie-Nudeln nach Packungsanleitung zubereiten und abgießen.

Die Zuckerschoten waschen und waagerecht halbieren. Die Karotten schälen, von der langen Seite aus in ca. 0,5 cm breite Scheiben und anschließend in ca. 0,2 cm breite Streifen schneiden.

Den Salat halbieren, waschen und in ca. 2 cm breite Streifen schneiden.

Für die Soße die Limette halbieren, den Saft auspressen und mit den restlichen Zutaten gründlich verrühren.

In einer Pfanne das Sonnenblumenöl erhitzen, die Karotten hinzufügen und bei mittlerer Hitze ca. 2 Minuten braten. Die Nudeln hinzufügen und unter Rühren weitere 3 Minuten braten.

Die Zuckerschoten und Edamame mit in die Pfanne geben und ca. 1 Minute mitgaren. Die Nudeln mit dem Salz abschmecken und zusammen mit dem Salat und der Curry-Erdnusssoße servieren.

NÄHRWERTE	KALORIEN	KH	DAVON ZUCKER	PROTEINE	FETT	DAVON GF	SALZ
PRO PORTION	502	56	7.7	18	23	3.3	0.31

Scannen und unser asiatische Küche Set entdecken

Gebratene Mie-Nudeln

mit buntem Currygemüse

Für das authentische Asia-Feeling in Deiner Küche! Gebratene Nudeln und knackiges Currygemüse vereinen sich in einer würzigen Sojasoße – getoppt mit crunchy Erdnüssen ist Deine leckere Kreation auch schon vollständig. Unser Curry Gewürz ist dank der vielen intensiven Zutaten herrlich exotisch und sorgt für den bekannten Currygeschmack, den wir alle so sehr lieben.

4 Portionen
30 Minuten Zubereitung

150 g Mie-Nudeln
1 Brokkoli
2 Karotten
150 g Zuckerschoten
150 g Champignons
2 Stangen Frühlingslauch
4 EL Rapsöl
4 EL Sojasoße
2 EL Erdnüsse, geröstet
3 Pr. Salz
3 Pr. Just Spices Curry

Die Mie-Nudeln nach Packungsanleitung zubereiten und abgießen.

Den Brokkoli waschen und in feine Röschen schneiden. Die Karotten schälen, längs halbieren und in feine Streifen schneiden. Die Zuckerschoten waschen und waagerecht halbieren. Die Champignons putzen und vierteln. Den Frühlingslauch waschen, putzen und in feine Ringe schneiden.

In einer Pfanne 2 EL Rapsöl erhitzen und den Brokkoli bei starker Hitze ca. 4 Minuten braten. Die Champignons und Karotten hinzufügen und weitere 3 Minuten braten.

Die Mie-Nudeln hinzufügen und ca. 4 Minuten bei starker Hitze mitbraten. Anschließend die Zuckerschoten mit der Sojasoße und dem restlichen Rapsöl hinzugeben und weitere 2 Minuten braten. Mit dem Curry und dem Salz abschmecken.

Die gebratenen Nudeln mit dem Frühlingslauch und den Erdnüssen garniert servieren.

NÄHRWERTE	KALORIEN	KH	DAVON ZUCKER	PROTEINE	FETT	DAVON GF	SALZ
PRO PORTION	678	76	19	27	29	3.4	1.1

Gebratene Nudeln

mit Tofu und Erdnusssoße

Eindeutig eines der besten Gerichte, das die asiatische Küche zu bieten hat! Gebratene Mie-Nudeln mit knusprigem Tofu, buntem Gemüse und einer cremigen Erdnusssoße, die durch Ingwer, Knoblauch und Chili zur echten Geschmacksexplosion wird. Zur wahren Perfektion fehlt nur noch unser Asia Bowl Topping – einfach das Beste, was Deinen gebratenen Nudeln passieren kann!

4 Portionen
40 Minuten Zubereitung

Für die Erdnusssoße:
30 g Ingwer
2 Knoblauchzehen
1 EL Tomatenmark
1 EL Chilisoße
100 g Erdnussmus
75 ml Sojasoße
3 EL Reisessig
200 ml Wasser
3 TL Zucker

Für die gebratenen Nudeln:
350 g Tofu
1 Brokkoli
3 Karotten
1 Paprika, rot
200 g Zuckerschoten
25 g Erdnüsse
2 EL Sesamöl
500 g Mie-Nudeln
12 Pr. Just Spices Asia Bowl Topping

Für die Erdnusssoße den Ingwer und den Knoblauch schälen und fein reiben. Zusammen mit den restlichen Zutaten in einer Schüssel gründlich verrühren.

Den Tofu in ca. 1 × 1 cm große Würfel schneiden. Den Brokkoli waschen und in Röschen teilen. Anschließend in ca. 0,5 cm breite Scheiben schneiden. Die Scheiben halbieren. Die Karotten schälen und zu ca. 0,5 cm breiten Streifen schneiden. Die Paprika waschen, halbieren, das Kerngehäuse entfernen und in ca. 0,5 cm breite Streifen schneiden. Die Zuckerschoten waschen und die Erdnüsse grob hacken.

1 EL Sesamöl in einer Pfanne erhitzen und den Tofu bei starker Hitze ca. 10 Minuten von allen Seiten goldbraun anbraten. Die Hitze minimieren, 2 EL der Erdnusssoße hinzufügen, vermengen und beiseitestellen.

Die Mie-Nudeln nach Packungsanleitung zubereiten und abgießen. Währenddessen das restliche Sesamöl in einem Wok oder einer großen Pfanne erhitzen und den Brokkoli bei starker Hitze ca. 2 Minuten kräftig anbraten. Das Wasser hinzufügen und verdampfen lassen. Anschließend die Paprika, Karotten und Zuckerschoten hinzugeben und ca. 3 Minuten braten.

Die Erdnusssoße mit den Erdnüssen und den Mie-Nudeln hinzugeben, vermengen und auf 4 Tellern anrichten. Mit je 3 Prisen Asia Bowl Topping garnieren und servieren.

NÄHRWERTE	KALORIEN	KH	DAVON ZUCKER	PROTEINE	FETT	DAVON GF	SALZ
PRO PORTION	904	115	22	43	29	4.7	0.92

KNOBLAUCH
PFEFFER

Gebratene Mie-Nudeln

mit Hähnchenbrust und Gemüse

Saftiges Hähnchenbrustfilet, buntes Gemüse und gebratene Mie-Nudeln vereinen sich in einer großen Wok-Pfanne. Wir könnten uns kaum eine bessere Kombination vorstellen! Für die pikante Note sorgt Sambal Oelek, eine aus Indonesien stammende Würzsoße auf Chilibasis. Sie zeichnet sich durch ihre leuchtend rote Farbe aus und verleiht Deinem Wok-Gericht eine ganz besondere Schärfe.

4 Portionen
25 Minuten Zubereitung

500 g Mie-Nudeln
1 Stange Lauch
2 Karotten
1 Paprika, rot
4 Knoblauchzehen
2 Stangen Frühlingslauch
250 g Hähnchenbrustfilet
3 EL Sonnenblumenöl
2 EL Sojasoße
1 TL Sambal Oelek
1 TL Just Spices Knoblauchpfeffer

Die Mie-Nudeln nach Packungsanleitung zubereiten, abgießen und kalt abschrecken.

Den Lauch waschen, putzen, halbieren und fein würfeln. Die Karotten schälen, die Paprika waschen, halbieren, das Kerngehäuse entfernen und beides ebenfalls fein würfeln. Den Knoblauch schälen und fein schneiden. Den Frühlingslauch waschen, putzen und in feine Ringe schneiden.

Die Hähnchenbrust von Haut und Sehnen befreien und in mundgerechte Streifen schneiden.

Das Sonnenblumenöl in einer Wok-Pfanne erhitzen und das Hähnchen bei starker Hitze ca. 1 Minute braten. Anschließend herausnehmen und beiseitestellen. Das Gemüse bis auf den Frühlingslauch in die Pfanne geben und bei starker Hitze unter Rühren ca. 3 Minuten braten.

Die Nudeln hinzufügen und bei mittlerer Hitze ca. 4 Minuten weiterbraten. Anschließend mit der Sojasoße ablöschen, das Sambal Oelek und den Knoblauchpfeffer hinzugeben. Alles gründlich vermengen, den Frühlingslauch und das Hähnchen hinzugeben, ca. 1 Minute braten und servieren.

NÄHRWERTE	KALORIEN	KH	DAVON ZUCKER	PROTEINE	FETT	DAVON GF	SALZ
PRO PORTION	653	99	12	32	13	1.5	0.77

Tipp: Du hast keine Wok-Pfanne? Das Ganze funktioniert natürlich auch in einer großen, normalen Pfanne!

Gebratene Udon-Nudeln

mit Entenbrust und Sweet-Chili-Soße

Saftige Udon-Nudeln und die zarte Entenbrust erhalten durch die Sweet-Chili-Soße eine ganz raffinierte Note. Während die Chilischote für eine leichte Schärfe sorgt, ist der Honig für die herrliche Süße verantwortlich – zwei Geschmackskomponenten, die sich gegenseitig super ergänzen. Knackiges Gemüse und unser Knoblauchpfeffer sorgen für den perfekten Abschluss, da bleiben keine Wünsche mehr offen!

4 Portionen
30 Minuten Zubereitung

Für die Sweet-Chili-Soße:
3 Knoblauchzehen
1 Chilischote
1 Limette, Saft
2 EL Honig
2 EL Sojasoße
150 ml Wasser
1 TL Just Spices Knoblauchpfeffer

Für die gebratenen Nudeln:
400 g Udon-Nudeln
600 g Entenbrust
3 Karotten
3 Stangen Frühlingslauch
2 EL Sonnenblumenöl

Für die Sweet-Chili-Soße den Knoblauch schälen und fein schneiden. Die Chilischote waschen und in feine Ringe schneiden. Die Limette halbieren und den Saft auspressen. Knoblauch, Chili und Limettensaft zusammen mit dem Honig und der Sojasoße in eine Schüssel geben, mit dem Wasser verrühren und mit dem Knoblauchpfeffer abschmecken.

Die Udon-Nudeln nach Packungsanleitung zubereiten, abschütten und kalt abschrecken.

Die Entenbrust in ca. 0,2 cm dicke Streifen schneiden. Die Karotten schälen, vierteln und in Scheiben schneiden. Den Frühlingslauch waschen, putzen und in feine Ringe schneiden.

Das Sonnenblumenöl in einer Pfanne erhitzen und die Entenbrust und Karotten bei starker Hitze ca. 1 Minute braten. Die Nudeln hinzugeben, 1 Minute mitbraten und mit der Sweet-Chili-Soße ablöschen. Bei leichter Hitze ca. 2 Minuten köcheln lassen, den Frühlingslauch hinzugeben und gründlich unterheben.

NÄHRWERTE	KALORIEN	KH	DAVON ZUCKER	PROTEINE	FETT	DAVON GF	SALZ
PRO PORTION	805	86	14	41	33	9.4	0.49

Tipp: Statt Ente kannst Du auch super Rinderhüfte oder Hähnchenbrust verwenden.

Italienische Nudelpfanne

mit würziger Salsiccia

Salsiccia ist eine grobkörnige italienische Wurst mit Fenchelaroma, die in Struktur und Geschmack der deutschen Bratwurst ähnelt. Sie gibt den Ton in Deiner Nudelpfanne an. Der knackige Brokkoli und unser Italian Allrounder unterstützen sie dabei tatkräftig. Die gerösteten Pinienkerne on top runden das Ganze perfekt ab. Buon appetito!

4 Portionen
30 Minuten Zubereitung

1 Zwiebel, rot
2 Knoblauchzehen
350 g Salsiccia
300 g Brokkoli
400 g Penne
50 g Pinienkerne
2 EL Olivenöl
1 EL Just Spices Italian Allrounder

Die Zwiebel und den Knoblauch schälen und fein würfeln. Die Salsiccia an einer Seite aufschneiden und ca. 1 TL große Portionen herausdrücken und leicht kugelig formen. Den Brokkoli waschen und in kleine Röschen schneiden.

In einem Topf reichlich Salzwasser zum Kochen bringen und die Penne nach Packungsanleitung al dente kochen, abgießen und mit kaltem Wasser abschrecken.

Die Pinienkerne in einer Pfanne ohne Fett goldbraun anrösten. Dabei gelegentlich umrühren, damit die Kerne nicht verbrennen. Anschließend aus der Pfanne nehmen und beiseitestellen. Die Salsicciakugeln in der Pfanne ohne Fett rundherum anbraten, herausnehmen und beiseitestellen. In der gleichen Pfanne 1 EL Olivenöl erhitzen und die Zwiebel- und Knoblauchwürfel glasig anschwitzen. Den Brokkoli hinzufügen und ca. 5 Minuten mitbraten.

Das restliche Olivenöl, die Penne und den Italian Allrounder hinzugeben und weitere 5 Minuten braten. Die Salsiccia und die Pinienkerne hinzufügen und servieren.

NÄHRWERTE	KALORIEN	KH	DAVON ZUCKER	PROTEINE	FETT	DAVON GF	SALZ
PRO PORTION	737	75	3.6	37	32	9.1	3.5

Tipp: Schmeckt auch mit normaler Bratwurst sehr lecker.

Gebratene Tomaten-Rigatoni

mit Kalamata-Oliven

Wie die Bezeichnung schon vermuten lässt, stammen die Kalamata-Oliven aus der Hafenstadt Kalamata in Griechenland. Sie sind für ihre ovale Form, dunkelviolette Farbe und ihr intensives Aroma bekannt. Zusammen mit getrockneten Tomaten und feinstem Olivenöl erhältst Du ein beeindruckendes Geschmackserlebnis, das Du Dir auf keinen Fall entgehen lassen solltest.

4 Portionen
30 Minuten Zubereitung

400 g Rigatoni
2 Zucchini
60 g Kalamata-Oliven, entsteint
60 g getrocknete Tomaten, in Öl
2 EL Olivenöl
1 EL Just Spices Italian Allrounder

In einem Topf reichlich Salzwasser zum Kochen bringen und die Rigatoni nach Packungsanleitung al dente kochen, abgießen und mit kaltem Wasser abschrecken.

Die Zucchini waschen, beide Enden abschneiden und in ca. 1 × 1 cm große Würfel schneiden. Die Oliven durch ein Sieb abgießen, abtropfen lassen und halbieren. Die getrockneten Tomaten je nach Größe halbieren oder vierteln.

1 EL Olivenöl in einer Pfanne erhitzen und die Zucchini bei starker Hitze ca. 3 Minuten rundherum anbraten. Die Hitze um die Hälfte reduzieren, das restliche Olivenöl und die Rigatoni hinzugeben und weitere 5 Minuten braten, sodass die Nudeln leicht angebraten sind.

Die getrockneten Tomaten, Oliven und den Italian Allrounder hinzufügen und gründlich vermengen.

NÄHRWERTE	KALORIEN	KH	DAVON ZUCKER	PROTEINE	FETT	DAVON GF	SALZ
PRO PORTION	464	76	5.2	16	9.6	1.4	1.3

Tipp: Wer mag, serviert die gebratenen Nudeln mit etwas geriebenem Parmesan.

NUDEL & SOSSE –
FINDE DAS PERFEKTE MATCH

SCHON GEWUSST?

NUDELFAKTEN: NUDELSORTEN

Du denkst, die Welt der Pasta dreht sich nur um Spaghetti, Penne und Co.? Tatsächlich gibt es weltweit rund 600 Nudelsorten – allein in Deutschland sind es über 100.

Würziges Pesto, fruchtig-scharfe Gemüsesoße, kräftige Bolognese, cremige Sahnesoße mit Hähnchen und Mozzarella ... Okay, wir müssen gar nicht weitermachen, denn es ist wirklich offensichtlich: Die soßigen Verführungen der Nudelwelt sind schier unendlich. Und ebenso vielseitig und verschieden wie die heißen Soßenkreationen sind die Nudeln selbst.

Doch welche Sorte passt zu welcher Soße? In welchen Konstellationen können sich Nudelform und Soßenkonsistenz perfekt vereinen und zu einer warm-würzigen Herzensspeise werden?

NIE WIEDER EINSAME NUDELN

In diesem Kapitel geben wir Dir einen kleinen Überblick über verschiedene Nudelsorten, ihre Formen und Besonderheiten und das perfekte Soßen-Match. Verabschiede Dich von Gerichten, bei denen Pasta und Bolognese nur traurig nebeneinander liegen und so gar nichts voneinander wissen wollen. Wir bereiten Dich auf Kochsessions vor, in denen Du die Welten der Pasta und ihrer würzigen Veredlung zu einem harmonischen Geschmackswunder vereinst.

Drei Dinge kannst Du Dir vorab schon merken:

1. Je breiter die Nudel, desto mehr Soße kann sie aufnehmen.

2. Am besten vereinen sich die Bestandteile Deines Nudelgerichts, wenn Du alles gut vermengst. Ein schönes Foto für Social Media kannst Du ja vorher machen. **#justspices**

3. Spaghetti Bolognese ist ein ziemlich leckeres Missverständnis. Warum? Erfährst Du sofort.

LANGE, DÜNNE NUDELN (SPAGHETTI, LINGUINE, RAMEN & CO.)

Klar, gerade in Deutschland liebt man die gute alte Spaghetti Bolognese. Aber wir mussten feststellen, dass die Spaghetti von uns wohl jahrelang missverstanden wurden. Warum? Eigentlich sind sie das perfekte Match für sehr leichte Soßen, weil ihre runde, glatte Oberfläche oft zu rutschig für stückige Soßen ist.

Das passt zu dünnen Nudeln:

- Feine Tomatensoße
- Pesto
- Aglio e olio
- Brühe und Suppen

Wenn Du auf Deine Spaghetti Bolo trotzdem nicht verzichten willst – keine Sorge! Wir haben natürlich auch für diesen deftigen Klassiker ein köstliches Rezept im Buch. Denn Spaghetti Bolognese ist ganz offensichtlich eine perfekt unperfekte kulinarische Liebesgeschichte, die jenseits aller Konventionen einfach funktioniert – wie könnten wir das infrage stellen?

BREITE NUDELN (TAGLIATELLE, PAPPARDELLE, ORECCHIETTE & CO.)

Hier kommen unsere Soßenlieblinge. Flache Nudeln mit einer breiten, rauen Oberfläche sind der perfekte Grund für reichhaltige, gröbere Soßen.

Das passt zu breiten Nudeln:

- Soßen mit Speck oder Gemüse
- Bolognese
- Sahnesoße

KURZE NUDELN (PENNE, FUSILLI, RIGATONI, CONCHIGLIE & CO.)

Kurze Pasta in unterschiedlichen Formen ist oftmals hohl und somit der perfekte Partner für sehr grobe Soßen. Die gedrehten Fusilli hingegen sind optimal geeignet für kalte Salate, da ihre Oberfläche Öl besonders gut aufnimmt.

Das passt zu kurzen Nudeln:

- Gemüse- oder Fleischragouts
- Käse- und Rahmsoßen
- Aufläufe (al forno)
- Salatkreationen

So, das war's erst einmal mit den Basics. Wie immer gilt aber: Was Dir schmeckt, entscheidest Du selbst. Die leckersten Gerichte entstehen ja bekanntlich gern bei unkonventionellen Kombinationen, also tob Dich ruhig aus!

Wo wir schon beim Austoben sind – bist Du bereit für den nächsten Rutsch an verführerischen Rezepten? Auf den kommenden Seiten erwarten Dich unter anderem diese herzerwärmenden Kreationen: traditionelle Spaghetti Carbonara, köstliche Penne mit Feldsalat-Pesto, Birne und Speck oder unsere Pasta Lorraine, für die wir uns vom französischen Quiche-Klassiker haben inspirieren lassen.

Klingt ganz so, als könntest Du an diese Kreationen Dein kulinarisches Herz verlieren, oder? Setz am besten schon mal Wasser auf und halte Deine Nudeln bereit. Viel Spaß mit den Rezepten!

WAHR ODER FALSCH?

SALZ ERST INS KOCHENDE WASSER

Das Salz gehört nicht ins kalte Wasser, da es so länger zum Aufkochen braucht? Das stimmt! Tatsächlich verändert Salz den Siedepunkt von Wasser aber nur minimal, etwa um 2 Grad Celsius.

FEINES
NATURSALZ
JUST
SPICES

Spaghetti Napoli

– der italienische Klassiker!

Wenn von Pasta die Rede ist, darf dieser Klassiker natürlich nicht fehlen. Denn wie heißt es so schön: Manchmal sind die einfachsten Dinge eben die Besten. Unsere Spaghetti Napoli sind so viel mehr als nur Nudeln mit Tomatensoße. Egal ob jung oder alt, der italienische Klassiker schmeckt garantiert der ganzen Familie.

4 Portionen
20 Minuten Zubereitung

400 g Spaghetti
3 Knoblauchzehen
2 EL Olivenöl
500 g passierte Tomaten
1 Bund Basilikum
4 TL Parmesan, frisch gerieben
2 Pr. Salz
5 Pr. Just Spices Tomatensoße Gewürz

In einem Topf reichlich Salzwasser zum Kochen bringen und die Spaghetti nach Packungsanleitung al dente kochen und abgießen.

In der Zwischenzeit den Knoblauch schälen und fein schneiden. Das Olivenöl in einer Pfanne erhitzen und den Knoblauch bei mittlerer Hitze ca. 2 Minuten anbraten. Mit dem Tomatensoße Gewürz würzen, mit den passierten Tomaten auffüllen und zum Kochen bringen.

Mit dem Salz abschmecken und ca. 5 Minuten köcheln lassen. Das Basilikum waschen, trocken tupfen und fein schneiden. Zusammen mit den Spaghetti zur Soße geben, gründlich vermengen und weitere 3 Minuten köcheln lassen.

Die Spaghetti mit dem Parmesan bestreuen und servieren.

NÄHRWERTE	KALORIEN	KH	DAVON ZUCKER	PROTEINE	FETT	DAVON GF	SALZ
PRO PORTION	423	75	4.4	15	6.6	1	0.22

Tipp: Für eine vegane Variante, kann der Parmesan natürlich auch weggelassen werden.

Penne Arrabbiata

mit feurigem Chili

Scharf, schärfer, Arrabbiata – perfekt für alle Liebhaber der pikanten Küche. Die schnelle Zubereitungszeit und kurze Zutatenliste sind zwei gute Gründe, warum dieses Rezept auf keinem Speiseplan fehlen sollte. Unser feuriges Arrabbiata Gewürz mit jeder Menge Chili heizt Dir so richtig ein und macht Deine Pasta zum spicy Geschmackshighlight.

4 Portionen
20 Minuten Zubereitung

400 g Penne
2 Knoblauchzehen
1 Zwiebel, rot
1 Chilischote
2 EL Olivenöl
1 Dose stückige Tomaten, à 400 g
2 Pr. Salz
2 Pr. Just Spices Arrabbiata Gewürz

In einem Topf reichlich Salzwasser zum Kochen bringen und die Penne al dente kochen und abgießen.

Den Knoblauch und die Zwiebel schälen und fein würfeln. Die Chilischote waschen und in feine Scheiben schneiden. In einer Pfanne das Olivenöl erhitzen und Knoblauch, Zwiebeln und Chili ca. 4 Minuten bei mittlerer Hitze braten. Mit dem Arrabbiata Gewürz und dem Salz würzen.

Die stückigen Tomaten hinzufügen und ca. 4 Minuten bei mittlerer Hitze köcheln lassen. Die Nudeln mit der Soße servieren.

NÄHRWERTE	KALORIEN	KH	DAVON ZUCKER	PROTEINE	FETT	DAVON GF	SALZ
PRO PORTION	421	75	4.6	14	6.5	1	0.13

Tipp: Frisch geriebener Parmesan passt super dazu!

Scan Dich hier zu unserem Italienischen Bestseller Set

BOLOGNESE
GEWÜRZ

Klassische Spaghetti Bolognese

mit Pancetta

Bolo gut – alles gut! Was gibt es Besseres als eine deftige Spaghetti Bolognese? Egal ob Jung oder Alt, der italienische Klassiker schmeckt garantiert der ganzen Familie. Verfeinert mit kräftiger Pancetta und etwas Parmesan on top kommt der aromatische Geschmack so richtig zur Geltung.

4 Portionen
20 Minuten Zubereitung
1 Stunde Kochzeit

1 Karotte
1 Zwiebel
150 g Pancetta
2 EL Olivenöl
350 g Hackfleisch, Rind
2 EL Tomatenmark
100 ml Weißwein
1 Dose geschälte Tomaten, à 400 g
100 ml Wasser
400 g Spaghetti
100 ml Vollmilch
100 g Parmesan, gerieben
6 Pr. Salz
1 EL Just Spices Bolognese Gewürz

Die Karotte und die Zwiebel schälen, halbieren und fein würfeln.
Die Pancetta ebenfalls fein würfeln und in einem Topf bei mittlerer Hitze ohne Fett ca. 5 Minuten anbraten. Das Olivenöl und das Gemüse hinzugeben und weitere 3 Minuten braten. Das Hackfleisch mit in den Topf geben und bei starker Hitze ca. 5 Minuten krümelig anbraten. Das Tomatenmark hinzugeben und ca. 1 Minute mitbraten. Mit dem Bolognese Gewürz und dem Salz würzen.

Anschließend mit dem Weißwein ablöschen und komplett einkochen lassen. Die geschälten Tomaten und das Wasser hinzufügen, zum Kochen bringen und bei leichter Hitze ca. 1 Stunde köcheln lassen.

In einem Topf reichlich Salzwasser zum Kochen bringen und die Spaghetti nach Packungsanleitung al dente kochen und abgießen. Dabei 200 ml Kochwasser auffangen.

Die Milch mit dem Kochwasser zur Bolognese geben, die Spaghetti unterheben und ca. 2 Minuten mitköcheln lassen. Mit dem Parmesan garniert servieren.

NÄHRWERTE	KALORIEN	KH	DAVON ZUCKER	PROTEINE	FETT	DAVON GF	SALZ
PRO PORTION	860	77	6.9	47	38	17	1.2

Tipp: Anstelle des Weißweins kannst Du auch 2 EL dunklen Balsamicoessig verwenden. Dieser verleiht Deiner Bolognese eine geschmackliche Tiefe mit passender Säure, gepaart mit traubiger Frische.

Schnelle Spaghetti Aglio e Olio

für jeden Tag

Spaghetti Aglio e Olio ist italienisch und bedeutet nichts anderes als Spaghetti mit Knoblauch und Öl. Das schlichte Pastagericht ist immer eine gute Wahl, wenn es mal schnell gehen muss, der Geschmack dabei aber nicht auf der Strecke bleiben soll. Unser Aglio e Olio Gewürz verleiht dem Ganzen eine pikante Note und der geraspelte Knoblauch sorgt für den besonderen Crunch.

4 Portionen
20 Minuten Zubereitung

400 g Spaghetti
1 Bund Schnittlauch
5 EL Olivenöl
2 Pr. Salz
5 Pr. Just Spices Aglio e Olio Gewürz

In einem Topf reichlich Salzwasser zum Kochen bringen und die Spaghetti nach Packungsanleitung al dente kochen und abgießen.

Den Schnittlauch waschen, trocken tupfen und fein schneiden.

Das Olivenöl in einer Pfanne erhitzen. Den Schnittlauch und das Aglio e Olio Gewürz hinzugeben und ca. 2 Minuten braten.

Die Spaghetti mit in die Pfanne geben, weitere 2 Minuten braten und mit dem Salz abschmecken.

NÄHRWERTE	KALORIEN	KH	DAVON ZUCKER	PROTEINE	FETT	DAVON GF	SALZ
PRO PORTION	462	71	0.6	13	14	2	0.22

Scan Dich hier zu unserer
Pasta Gewürzbox

CARBONARA
GEWURZ

Spaghetti Carbonara

– der Klassiker aus Italien

Aber bitte mit Sahne? Nein! Nicht bei der traditionellen Spaghetti Carbonara! Der Klassiker unter den italienischen Pastagerichten wird ausschließlich mit feinstem Guanciale oder Pancetta, Ei, Parmesan und italienischem Pecorino zubereitet. Unser Carbonara Gewürz sorgt abschließend noch für das ideale Finish – da kann keiner mehr widerstehen!

4 Portionen
20 Minuten Zubereitung

250 g Pancetta
500 g Spaghetti
4 Eigelb
2 Eier
75 g Parmesan, gerieben
75 g Pecorino, gerieben
2 Pr. Pfeffer
6 Pr. Just Spices Carbonara Gewürz

Die Pancetta in feine Würfel schneiden und in einer Pfanne ohne Fett bei mittlerer Hitze knusprig ausbacken.

In einem Topf reichlich Salzwasser zum Kochen bringen und die Spaghetti nach Packungsanleitung al dente kochen und abgießen. Dabei 100 ml Kochwasser auffangen.

In einer Schüssel die Eigelbe mit den Eiern und dem Carbonara Gewürz verrühren. Die Spaghetti direkt mit in die Schüssel geben, ebenso die Pancettawürfel, das Kochwasser und den geriebenen Käse. Gründlich vermengen und mit dem Pfeffer würzen.

NÄHRWERTE	KALORIEN	KH	DAVON ZUCKER	PROTEINE	FETT	DAVON GF	SALZ
PRO PORTION	887	89	1.2	45	39	17	1.2

Tipp: Für das volle Italien-Feeling empfehlen wir Dir, statt Spaghetti einmal Bucatini zu verwenden. Anstatt Pancetta passt auch super Guanciale.

Cremige Gemüse-Pasta

Aglio e Olio-Style

Würzige Pasta mit buntem Gemüse in cremiger Sahnesoße – klingt nicht nur lecker, schmeckt auch so! Unser Aglio e Olio Gewürz sorgt für eine leicht pikante Note und rundet Deine cremige Gemüse-Pasta mit einer Mischung aus Knoblauch und Chili perfekt ab. Somit steht Deinem Pastaglück absolut nichts mehr im Weg!

4 Portionen
20 Minuten Zubereitung

400 g Rigatoni
1 Paprika, rot
2 Paprika, gelb
1 Zwiebel
150 g junger Blattspinat
2 EL Olivenöl
1 EL Tomatenmark
250 g Kochsahne
2 Pr. Salz
4 Pr. Just Spices Aglio e Olio Gewürz

In einem Topf reichlich Salzwasser zum Kochen bringen und die Rigatoni nach Packungsanleitung al dente kochen und abgießen. Dabei 150 ml Kochwasser auffangen.

Die Paprika waschen, halbieren, das Kerngehäuse entfernen und in ca. 1 × 1 cm große Würfel schneiden. Die Zwiebel schälen, halbieren und fein würfeln. Den Spinat waschen und trocken schleudern.

Das Olivenöl in einer Pfanne erhitzen, Paprika- und Zwiebelwürfel hinzugeben und ca. 5 Minuten bei mittlerer Hitze braten. Das Aglio e Olio Gewürz hinzugeben und kurz durchschwenken.

Das Tomatenmark einrühren und mit der Kochsahne ablöschen. Das Kochwasser hinzugeben und alles einmal aufkochen lassen.

Den Spinat hinzugeben und gründlich untermengen. Die Pasta unterheben und mit dem Salz abschmecken.

NÄHRWERTE	KALORIEN	KH	DAVON ZUCKER	PROTEINE	FETT	DAVON GF	SALZ
PRO PORTION	536	79	8.1	17	16	7.2	0.33

Tipp: Für eine vegane Variante, kannst Du die Kochsahne einfach durch eine pflanzliche Sahne-Alternative ersetzen.

AGLIO
E OLIO

Schnelle vegane Bolognese

aus roten Linsen

Der beste Beweis dafür, dass eine leckere Bolognese nicht unbedingt tierische Produkte benötigt. Rote Linsen sind eine super Fleischalternative, halten Dich lange satt und liefern dabei sogar noch ganze 26 g Eiweiß pro 100 g – eine echte Proteinbombe also! Unser veganes Rezept überzeugt mit Sicherheit auch alle Liebhaber der klassischen Bolognese.

4 Portionen
25 Minuten Zubereitung

1 Zwiebel
2 Karotten
2 EL Olivenöl
150 g Linsen, rot
500 g passierte Tomaten
500 g Spaghetti, Vollkorn
4 Pr. Salz
8 Pr. Just Spices Bolognese Gewürz

Die Zwiebel und die Karotten schälen, halbieren und fein würfeln. In einem Topf das Olivenöl erhitzen und die Karotten- und Zwiebelwürfel ca. 2 Minuten bei mittlerer Hitze braten. Mit dem Bolognese Gewürz würzen.

Die Linsen hinzugeben, mit den passierten Tomaten auffüllen und zum Kochen bringen. Bei mittlerer Hitze ca. 15 Minuten köcheln lassen.

In der Zwischenzeit in einem Topf reichlich Salzwasser zum Kochen bringen und die Spaghetti al dente kochen und abgießen. Dabei 200 ml Kochwasser auffangen.

Das Kochwasser zu den Linsen geben, umrühren und die Bolognese mit dem Salz abschmecken.

Die vegane Bolognese mit den Spaghetti servieren.

NÄHRWERTE	KALORIEN	KH	DAVON ZUCKER	PROTEINE	FETT	DAVON GF	SALZ
PRO PORTION	604	101	8.3	28	9.1	1.3	0.3

Schwarze Spaghetti

mit Oliven-Pesto

Mit diesen schwarzen Spaghetti kommt Abwechslung auf den Teller! Wenn Du Deine Liebsten bei Eurem nächsten Dinner mit einem außergewöhnlichen, aber unkomplizierten Pastagericht überraschen willst, eignen sich diese Spaghetti mit Oliven-Pesto perfekt. Gut zu wissen: schwarze Pasta wird in der Regel mit Tintenfischfarbe gefärbt. Für eine vegane Variante schmeckt unser Oliven-Pesto natürlich auch mit normalen Spaghetti hervorragend.

4 Portionen
25 Minuten Zubereitung

250 g Oliven, schwarz
2 Zwiebeln
2 Knoblauchzehen
2 EL Pinienkerne
8 EL Olivenöl
4 EL Wasser, kalt
500 g Spaghetti, schwarz
1 Handvoll Basilikum
2 Pr. Pfeffer
8 Pr. Just Spices Grüner Pesto Mix

Die Oliven durch ein Sieb abgießen und abtropfen lassen. Die Zwiebeln und den Knoblauch schälen und fein würfeln. Die Pinienkerne in einer beschichteten Pfanne ohne Fett bei mittlerer Hitze goldgelb anrösten. Dabei gelegentlich umrühren, damit die Kerne nicht verbrennen. Anschließend herausnehmen und beiseitestellen.

In der gleichen Pfanne 2 EL Olivenöl erhitzen und die Zwiebel- und Knoblauchwürfel bei mittlerer Hitze ca. 4 Minuten anbraten. Die Oliven hinzugeben und weitere 2 Minuten braten. In einer kleinen Schüssel den Grünen Pesto Mix mit dem Wasser verrühren und etwas quellen lassen.

Währenddessen in einem Topf reichlich Salzwasser zum Kochen bringen und die Spaghetti nach Packungsanleitung al dente kochen.

Die Olivenmischung mit dem angerührten Pesto in ein hohes Gefäß geben und mit einem Stabmixer fein pürieren. Das restliche Olivenöl hinzugeben, verrühren und mit dem Pfeffer abschmecken. Das Basilikum waschen und trocken tupfen. Die Spaghetti abgießen und tropfnass mit dem Pesto verrühren. Mit den Pinienkernen und dem Basilikum garnieren und servieren.

NÄHRWERTE	KALORIEN	KH	DAVON ZUCKER	PROTEINE	FETT	DAVON GF	SALZ
PRO PORTION	706	92	1.8	17	29	4.2	3.5

Schnelle Tomatenpasta

in cremiger Soße

Unsere cremige Tomatenpasta ist das optimale Wohlfühlessen für stressige Tage, an denen Du blitzschnell etwas Leckeres auf dem Teller brauchst. Eine Prise Zucker verstärkt den Geschmack Deiner Tomatensoße auf raffinierte Weise und unser Italian Allrounder sorgt zum Schluss noch für die besondere mediterrane Note. Mit nur wenigen Zutaten erhältst Du so das volle Geschmackserlebnis!

4 Portionen
20 Minuten Zubereitung

400 g Fusilli
250 g Kirschtomaten
1 Zwiebel, rot
3 EL Olivenöl
1 Dose stückige Tomaten, à 400 g
250 g Crème double
1 Pr. Zucker
3 Pr. Salz
3 Pr. Just Spices Italian Allrounder

In einem Topf reichlich Salzwasser zum Kochen bringen und die Fusilli nach Packungsanleitung al dente kochen und abgießen.

Die Kirschtomaten waschen und halbieren. Die Zwiebel schälen, halbieren und fein würfeln.

Das Olivenöl in einer Pfanne erhitzen und die Zwiebelwürfel bei mittlerer Hitze ca. 2 Minuten anbraten. Die Kirschtomaten hinzufügen und weitere 2 Minuten mitbraten. Mit den stückigen Tomaten auffüllen, mit dem Italian Allrounder, dem Zucker und dem Salz würzen und ca. 3 Minuten köcheln lassen.

Die Nudeln mit zur Soße geben und ca. 3 Minuten köcheln lassen.
Die Crème double unterrühren und sofort servieren.

NÄHRWERTE	KALORIEN	KH	DAVON ZUCKER	PROTEINE	FETT	DAVON GF	SALZ
PRO PORTION	698	78	8.2	16	35	17	0.25

Cremige Fusilli

mit tomatiger Soße und Erbsen

Deine schmackhafte Rettung im stressigen Alltag! Fruchtig und zugleich herrlich würzig – mit unserem Tomatensoße Gewürz hast Du zum Glück direkt den richtigen Mix zur Hand! Die cremigste Tomaten-Pasta überhaupt kommt mit wenigen Zutaten aus und glänzt dazu noch mit einer kurzen Zubereitungszeit. Was willst Du mehr?

4 Portionen
25 Minuten Zubereitung

250 g Erbsen, tiefgekühlt
1 Zwiebel, rot
1 Knoblauchzehe
2 EL Olivenöl
700 g passierte Tomaten
500 g Fusilli
200 g Crème fraîche
1 Pr. Pfeffer
6 Pr. Just Spices Tomatensoße Gewürz

Die Erbsen auftauen lassen.

Währenddessen die Zwiebel und den Knoblauch schälen und fein würfeln. Das Olivenöl in einem Topf erhitzen und die Zwiebel- und Knoblauchwürfel bei mittlerer Hitze ca. 3–4 Minuten anbraten.

Das Tomatensoße Gewürz hinzugeben, 1 Minute mitbraten, mit den passierten Tomaten ablöschen und ca. 10 Minuten einköcheln lassen.

In der Zwischenzeit in einem Topf reichlich Salzwasser zum Kochen bringen und die Fusilli nach Packungsanleitung al dente kochen. Kurz vor Ende der Kochzeit die Erbsen mit in den Topf geben, 1 Minute mitkochen und anschließend durch ein Sieb abgießen.

Die Crème fraîche zur Tomatensoße geben und einmal aufkochen lassen. Die Pasta und die Erbsen zur Soße geben und mit dem Pfeffer abschmecken.

NÄHRWERTE	KALORIEN	KH	DAVON ZUCKER	PROTEINE	FETT	DAVON GF	SALZ
PRO PORTION	709	105	7.9	24	21	10	0.19

TOMATEN
SOßE
GEWURZ

AVOCADO
TOPPING

Schnelle Avocado-Pasta

mit Kirschtomaten

Ein absolutes Muss für alle Avocado-Lover! Wir kombinieren Pasta mit dem grünen Superfood und lassen ganz Großes entstehen: die cremigste Avocado-Pasta überhaupt. Was hier niemals fehlen darf? Unsere Geheimzutat – das Avocado Topping natürlich! Das Pyramidensalz und der schwarze Sesam sorgen für den ganz besonderen Crunch-Effekt und machen Deine Pasta unwiderstehlich.

4 Portionen
20 Minuten Zubereitung

400 g Spaghetti
2 Avocados, reif
2 Knoblauchzehen
½ Zitrone, Saft
2 EL Olivenöl
1 Schuss Vollmilch
150 g Kirschtomaten
4 Pr. Just Spices Avocado Topping

In einem Topf reichlich Salzwasser zum Kochen bringen und die Spaghetti nach Packungsanleitung al dente kochen und abgießen.

In der Zwischenzeit die Avocados der Länge nach halbieren, aufdrehen, den Kern entfernen und das Fruchtfleisch mit einem Löffel herausnehmen.

Den Knoblauch schälen. Die Zitrone auspressen. Die Avocados zusammen mit dem Olivenöl, Knoblauch und dem Zitronensaft in ein hohes Gefäß geben und mit einem Pürierstab fein mixen. Je nach Belieben etwas Milch bis zur gewünschten Konsistenz hinzufügen.

Die Tomaten waschen und halbieren. Die Spaghetti mit der Avocadocreme vermengen, die Tomaten hinzufügen und mit dem Avocado Topping garniert servieren.

NÄHRWERTE	KALORIEN	KH	DAVON ZUCKER	PROTEINE	FETT	DAVON GF	SALZ
PRO PORTION	506	75	3	14	16	3	0.23

Tipp: Du willst es vegan? Dann nimm anstelle der Vollmilch einfach etwas Pflanzenmilch nach Wahl.

Fenchel-Pasta

mit Dill und Erbsen

Fenchel ist nicht nur im Tee eine Wohltat, sondern erweist sich auch in einem Pastagericht als echtes Geschmackshighlight. Mit seinen raffinierten Aromen ergänzt er Deine Pasta auf besondere Art und sorgt für einen ganz neuen Geschmack! Die grünen Erbsen und der frische Dill bringen noch etwas Farbe ins Spiel.

4 Portionen
30 Minuten Zubereitung

Für den Fenchel:
300 g Fenchel
3 EL Olivenöl
4 Pr. Just Spices Gemüse Allrounder

Für die Pasta:
400 g Rigatoni
1 EL Olivenöl
150 g Erbsen, tiefgekühlt
125 g Sahne
½ Bund Dill
60 g Parmesan, frisch gerieben
2 Pr. Just Spices Gemüse Allrounder

Den Backofen auf 180 °C (Umluft) vorheizen.

Währenddessen den Fenchel waschen, vierteln, entstrunken und in längliche Streifen schneiden. Mit dem Olivenöl und dem Gemüse Allrounder marinieren und auf einem mit Backpapier ausgelegten Backblech verteilen. Den Fenchel ca. 15 Minuten im Backofen goldbraun backen.

In einem großen Topf reichlich Salzwasser zum Kochen bringen und die Rigatoni nach Packungsanleitung al dente kochen und abgießen. Dabei 100 ml Kochwasser auffangen.

Das Olivenöl in einer Pfanne erhitzen, die Erbsen ca. 1 Minute anschwitzen und mit der Sahne und dem Kochwasser ablöschen.

Den Dill waschen, abzupfen, fein schneiden und zusammen mit den Rigatoni in die Pfanne geben und etwas einköcheln lassen.

Zum Schluss den Parmesan, mit dem gebackenen Fenchel unter die Pasta heben und mit dem Gemüse Allrounder abschmecken.

NÄHRWERTE	KALORIEN	KH	DAVON ZUCKER	PROTEINE	FETT	DAVON GF	SALZ
PRO PORTION	640	79	4.5	22	26	10	0.6

Scannen und weitere Früh-
lingsrezepte entdecken

Schnelle Spargelpasta

in cremiger Sahnesoße

Der Frühling punktet nicht nur mit den ersten warmen Sonnenstrahlen und steigenden Temperaturen, sondern bringt auch ein weiteres Highlight mit sich: die Spargelsaison! Das grüne Gemüse passt aber nicht nur zu Kartoffeln, sondern macht auch in Deinem Pastagericht eine super Figur. Die Zitrone sorgt zusätzlich für eine herrlich frische Note und der kräftige Parmesan rundet das Ganze hervorragend ab.

4 Portionen
25 Minuten Zubereitung

300 g Penne
500 g Spargel
1 Zwiebel, rot
1 Knoblauchzehe
2 EL Olivenöl
1 Bio-Zitrone, Saft & Abrieb
250 g Sahne
60 g Parmesan, gerieben
4 Pr. Just Spices Spargel Gewürz

In einem Topf reichlich Salzwasser zum Kochen bringen, die Penne nach Packungsanleitung al dente kochen und abgießen. Dabei 150 ml Kochwasser auffangen.

Den Spargel waschen und ca. 1,5 cm vom unteren Ende abschneiden. Die Spargelstangen anschließend in mundgerechte Stücke schneiden. Die Zwiebel und den Knoblauch schälen und fein würfeln.

Das Olivenöl in einer Pfanne erhitzen und den Spargel bei mittlerer Hitze ca. 3 Minuten anbraten. Die Zwiebeln und den Knoblauch hinzugeben und weitere 2 Minuten braten. Die Zitrone waschen, die Schale abreiben und den Saft auspressen. Zitronensaft und -abrieb mit dem Spargel Gewürz hinzugeben.

Mit der Sahne und dem Kochwasser auffüllen und zum Kochen bringen. Für ca. 2 Minuten köcheln lassen, die Penne hinzugeben, den Parmesan unterrühren und ca. 1 Minute köcheln lassen.

NÄHRWERTE	KALORIEN	KH	DAVON ZUCKER	PROTEINE	FETT	DAVON GF	SALZ
PRO PORTION	584	58	5.8	18	31	15	0.59

Schnelle Linguine

mit cremiger Zitronensahne

Es wird Zeit für ein fruchtig-leichtes Sommergericht, damit Du auch bei heißen Temperaturen nicht auf Deine Pasta verzichten musst und sie unbeschwert genießen kannst. In nur 20 Minuten zauberst Du ein cremig-frisches Pastagericht, das in Zukunft bestimmt häufiger einen Platz auf Deinem Speiseplan ergattert. Die Zitrone verleiht der Soße eine gewisse Leichtigkeit und unser Carbonara Gewürz sorgt für den besonderen Kick.

4 Portionen
20 Minuten Zubereitung

400 g Linguine
2 Knoblauchzehen
2 EL Olivenöl
250 g Kochsahne
1 Bio-Zitrone, Saft & Abrieb
1 Bund Basilikum
2 Pr. Salz, Pfeffer
4 Pr. Just Spices Carbonara Gewürz

In einem Topf reichlich Salzwasser zum Kochen bringen und die Linguine nach Packungsanleitung al dente kochen und abgießen. Dabei 150 ml Kochwasser auffangen.

Den Knoblauch schälen und fein schneiden. Das Olivenöl in einer Pfanne erhitzen und den Knoblauch ca. 2 Minuten bei mittlerer Hitze anschwitzen. Mit der Sahne und dem Kochwasser ablöschen und aufkochen lassen.

Die Zitrone waschen, abtrocknen, die Schale abreiben und den Saft einer halben Zitrone auspressen. Zitronensaft und -abrieb in die Pfanne geben und gründlich verrühren. Das Basilikum waschen, trocken tupfen und in feine Streifen schneiden.

Die Nudeln mit in die Pfanne geben, ca. 2 Minuten mitkochen lassen und kurz vor Ende der Kochzeit das Basilikum unterheben. Mit dem Carbonara Gewürz, Salz und Pfeffer abschmecken.

NÄHRWERTE	KALORIEN	KH	DAVON ZUCKER	PROTEINE	FETT	DAVON GF	SALZ
PRO PORTION	510	75	4.9	15	16	7.2	0.22

Tipp: Wer mag, kann die Pasta mit frisch geriebenem Parmesan garnieren.

Ruckzuck-Pasta

mit Spinat-Pesto

Manchmal ist weniger einfach mehr! Alles was Du brauchst, ist eine Handvoll Zutaten, aus denen Du im Handumdrehen ein grünes Pesto zaubern kannst und natürlich Deine liebste Pasta. Unsere Ruckzuck-Pasta ist das perfekte Feierabendessen, wenn es mal schnell gehen muss, aber der Genuss nicht zu kurz kommen darf!

4 Portionen
20 Minuten Zubereitung

400 g Tortiglioni
100 g Pinienkerne
400 g junger Blattspinat
100 ml Olivenöl
1 Pr. Salz, Pfeffer
3 Pr. Just Spices Spinat Gewürz

In einem Topf reichlich Salzwasser zum Kochen bringen und die Tortiglioni nach Packungsanleitung al dente kochen und abgießen.

Die Pinienkerne in einer beschichteten Pfanne ohne Fett goldgelb anrösten. Dabei gelegentlich umrühren, damit die Kerne nicht verbrennen.
Aus der Pfanne nehmen und in ein hohes Gefäß geben.

Den Spinat waschen, trocken schleudern und zu den Pinienkernen geben. Das Olivenöl hinzufügen und mit einem Pürierstab fein mixen. Das Pesto mit dem Spinat Gewürz, Salz und Pfeffer abschmecken.

Das Spinat-Pesto in einer Pfanne erwärmen, die Pasta hinzugeben und gründlich vermengen.

NÄHRWERTE	KALORIEN	KH	DAVON ZUCKER	PROTEINE	FETT	DAVON GF	SALZ
PRO PORTION	731	73	1	21	39	5.3	0.33

Tipp: Mit frischem Parmesan schmeckt die Pasta besonders gut.

Schnelle Mie-Nudel-Pfanne

mit selbstgemachtem Knoblauch-Basilikum-Öl

Die perfekte Wahl, wenn's mal schnell gehen muss! Im Handumdrehen zauberst Du ein selbstgemachtes Knoblauch-Basilikum-Öl, das Deiner Mie-Nudel-Pfanne ein einzigartiges Aroma verleiht. Besonders würzig wird's dann nicht nur durch unseren Knoblauchpfeffer, sondern auch durch die japanische Misopaste, die hauptsächlich aus fermentierten Sojabohnen besteht und von Natur aus schön salzig schmeckt.

4 Portionen
25 Minuten Zubereitung

5 Knoblauchzehen
40 g Basilikum
50 ml Sonnenblumenöl
1 Schalotte
2 Stangen Frühlingslauch
400 g Mie-Nudeln
2 TL Rohrohrzucker, braun
1 EL Misopaste
1 EL Sojasoße
1 TL Just Spices Knoblauchpfeffer

Den Knoblauch schälen und das Basilikum abzupfen, waschen und trocken tupfen. Beides zusammen mit dem Sonnenblumenöl in ein hohes Gefäß geben und mit einem Pürierstab fein mixen. Anschließend durch ein sehr feines Sieb passieren.

Die Schalotte schälen, halbieren und fein würfeln. Den Frühlingslauch waschen, putzen und in feine Ringe schneiden.

Die Mie-Nudeln nach Packungsanleitung zubereiten, abschütten und dabei 100 ml Kochwasser auffangen.

Das Knoblauch-Basilikum-Öl in einer Pfanne erhitzen, die Mie-Nudeln hinzugeben und mit dem Rohrohrzucker sowie dem Knoblauchpfeffer würzen. Die Misopaste mit der Sojasoße und dem Frühlingslauch hinzugeben und unter Rühren bei leichter Hitze zu einer cremigen Soße reduzieren lassen.

NÄHRWERTE	KALORIEN	KH	DAVON ZUCKER	PROTEINE	FETT	DAVON GF	SALZ
PRO PORTION	499	78	8.8	12	14	1.5	0.41

Tipp: Für noch mehr Thai-Aroma empfehlen wir Dir, das Basilikum durch frisches Thai-Basilikum auszutauschen. Das erhältst Du in asiatischen Supermärkten.

Spaghetti mit Sahnesoße,

Hähnchenbrust und grünem Gemüse

Mit wenigen Handgriffen zum herzhaften Gaumenschmaus! Unsere Pasta mit cremiger Sahnesoße passt nicht nur gut in die kalte Jahreszeit, Du kannst sie auch bei warmen Temperaturen unbeschwert genießen. Das grüne Gemüse macht sich nicht nur optisch hervorragend, sondern passt auch geschmacklich optimal zu der gebratenen Hähnchenbrust und sahnigen Soße. Buon Appetito!

4 Portionen
25 Minuten Zubereitung

250 ml heißes Wasser
400 g Spaghetti
4 Hähnchenbrustfilets, à 200 g
2 EL Olivenöl
200 g Erbsen, tiefgekühlt
250 g Kochsahne
4 Stangen Frühlingslauch
2 TL Just Spices Gemüsebrühe ohne Zuckerzusatz
8 Pr. Just Spices Hähnchen Gewürz

Das heiße Wasser mit der Gemüsebrühe ohne Zuckerzusatz verrühren und bis zur weiteren Verwendung beiseitestellen.

In einem Topf reichlich Salzwasser zum Kochen bringen und die Spaghetti nach Packungsanleitung al dente kochen und abgießen.

Währenddessen die Hähnchenbrust von Haut und Sehnen befreien, halbieren und in ca. 1 cm breite Streifen schneiden.

Das Olivenöl in einer Pfanne erhitzen, das Fleisch ca. 4 Minuten bei starker Hitze braten und mit dem Hähnchen Gewürz würzen.

Die Erbsen, die Kochsahne und die Gemüsebrühe hinzugeben und einmal aufkochen lassen. Die Spaghetti hinzufügen und bei leichter Hitze ca. 2 Minuten köcheln lassen.

In der Zwischenzeit den Frühlingslauch waschen, putzen und in feine Röllchen schneiden. Kurz vor Ende der Garzeit unter die Soße heben.

NÄHRWERTE	KALORIEN	KH	DAVON ZUCKER	PROTEINE	FETT	DAVON GF	SALZ
PRO PORTION	856	83	6.9	69	26	8.7	2.1

Cremige Vollkornpenne

mit Mozzarella und Hähnchen

Einmal probiert, sofort verliebt! Mit dieser cremigen Penne mit Mozzarella und Hähnchen kannst Du Herzen gewinnen. Die Vollkornnudeln sorgen für etwas mehr Abwechslung und halten Dich besonders lange satt. Unser Roter Pesto Mix verleiht Deiner schmackhaften Pasta abschließend noch die perfekte Würze und schon schwebst Du im siebten Pastahimmel.

4 Portionen
35 Minuten Zubereitung

500 g Penne, Vollkorn
400 g Hähnchenbrustfilet
150 g getrocknete Tomaten, in Öl
250 g Kirschtomaten
1 Zwiebel, rot
3 Knoblauchzehen
1 Zitrone, Saft
250 g Kochsahne
1 Laib Mozzarella, à 125 g
8 Pr. Salz
8 Pr. Just Spices Roter Pesto Mix

In einem Topf reichlich Salzwasser zum Kochen bringen und die Vollkornpenne nach Packungsanleitung al dente kochen und abgießen. Dabei 100 ml vom Kochwasser auffangen.

Die Hähnchenbrust von Haut und Sehnen befreien und in feine Streifen schneiden. Die getrockneten Tomaten in grobe Stücke schneiden. Die Kirschtomaten waschen und halbieren. Die Zwiebel und den Knoblauch schälen, halbieren und fein würfeln.

2 EL Öl der getrockneten Tomaten in einer Pfanne erhitzen und das Fleisch bei starker Hitze ca. 2 Minuten braten. Die Zwiebeln, getrockneten Tomaten und den Knoblauch hinzugeben und weitere 2 Minuten braten.

Die Zitrone halbieren, den Saft auspressen und den Zitronensaft mit der Kochsahne in die Pfanne geben. Alles aufkochen lassen und mit dem Roten Pesto Mix und dem Salz würzen.

Die Penne, das Kochwasser und die Kirschtomaten hinzufügen und ca. 2 Minuten köcheln lassen. Kurz vor dem Servieren den Mozzarella abgießen, grob zerrupfen und unterrühren.

NÄHRWERTE	KALORIEN	KH	DAVON ZUCKER	PROTEINE	FETT	DAVON GF	SALZ
PRO PORTION	801	84	7.6	51	28	12	2

Scan Dich zu unserem
Do it yourself Pesto Kit

Schnelle Spaghetti

mit grünem Pesto

Selbstgemachtes Pesto geht doch einfach immer! Ob bereits am Vortag zubereitet, oder super schnell selbstgemacht: Wir lieben Pesto. In Kombination mit Spaghetti und fruchtigen Tomaten wird das grüne Pesto zum vollen Geschmackserlebnis.

4 Portionen
20 Minuten Zubereitung

400 g Spaghetti
6 EL Wasser
12 EL Olivenöl
100 g Parmesan, gerieben
300 g Kirschtomaten
8 Pr. Just Spices Grüner Pesto Mix

In einem Topf reichlich Salzwasser zum Kochen bringen und die Spaghetti nach Packungsanleitung al dente kochen und abgießen.

Für das Pesto das Wasser mit 8 EL Olivenöl, dem Grünen Pesto Mix und dem Parmesan verrühren und ca. 5 Minuten quellen lassen.

Die Tomaten waschen, in einer Pfanne das restliche Olivenöl erhitzen und die Tomaten bei mittlerer Hitze ca. 3 Minuten braten. Die Spaghetti und das Pesto hinzugeben und gründlich unterheben.

NÄHRWERTE	KALORIEN	KH	DAVON ZUCKER	PROTEINE	FETT	DAVON GF	SALZ
PRO PORTION	728	73	2.6	21	39	9.7	0.66

Tipp: Mit frisch geriebenem Parmesan bestreut schmeckt die Pasta besonders gut.

Penne mit Feldsalat-Pesto,

Birne und Speck

Deftiger Speck mit süßer Birne? Auch wenn diese Mischung zunächst etwas außergewöhnlich klingt, schmeckt sie, als wäre ein Traum wahr geworden. Vertrau uns, die Kombination aus süß und herzhaft macht Deine Pasta zum ganz besonderen Geschmackshighlight und unser grünes Feldsalat-Pesto rundet Dein Herbstgericht ideal ab!

4 Portionen
25 Minuten Zubereitung

Für das Pesto:
125 g Feldsalat
50 ml Olivenöl
100 g Kürbiskerne
100 g Parmesan, gerieben
1 TL Just Spices Grüner Pesto Mix

Für die Penne:
400 g Penne
2 Birnen
1 EL Olivenöl
250 g Speckwürfel

Für das Pesto den Feldsalat gründlich waschen, putzen und trocken schleudern. Zusammen mit dem Olivenöl, den Kürbiskernen und dem Grünen Pesto Mix in ein hohes Gefäß geben und mit einem Pürierstab fein mixen. Zum Schluss den Parmesan unterrühren und das Pesto kaltstellen.

In einem Topf reichlich Salzwasser zum Kochen bringen und die Penne nach Packungsanleitung al dente kochen und abgießen. Dabei 100 ml Kochwasser auffangen.

Die Birnen schälen, vierteln, entkernen und in ca. 0,5 × 0,5 cm große Würfel schneiden. Das Olivenöl in einer Pfanne erhitzen und die Speckwürfel bei mittlerer Hitze ca. 5 Minuten knusprig ausbacken. Die Birnenwürfel hinzugeben und ca. 1 Minute mitbraten.

Anschließend die Penne und das Kochwasser hinzugeben und gut vermengen. Das Pesto unterrühren und servieren.

NÄHRWERTE	KALORIEN	KH	DAVON ZUCKER	PROTEINE	FETT	DAVON GF	SALZ
PRO PORTION	858	80	8.4	43	41	12	0.79

Tipp: Wer mag, garniert die Pasta mit frisch geriebenem Parmesan und ein paar Kürbiskernen.

Champignon-Spaghetti

mit Grünkohl und Parmesan

Überzeuge Dich selbst von der aromatischen Vielfalt des Wintergemüses – mit unserem Kohl Allrounder bringst Du die natürliche Frische so richtig zum Vorschein. Mit dem Zusammenspiel aus Grünkohl, Champignons und kräftigem Parmesan steht Deinem Pastaglück dann nichts mehr im Weg!

4 Portionen
25 Minuten Zubereitung

400 g Spaghetti
200 g Champignons
200 g Grünkohl
3 Knoblauchzehen
1 EL Butter
75 g Parmesan, gerieben
3 Pr. Salz
6 Pr. Just Spices Kohl Allrounder

In einem Topf reichlich Salzwasser zum Kochen bringen und die Spaghetti nach Packungsanleitung al dente kochen und abgießen. Dabei 200 ml Kochwasser auffangen.

Die Champignons putzen und in ca. 0,2 cm dicke Scheiben schneiden. Den Grünkohl waschen und in feine Streifen schneiden. Den Knoblauch schälen und fein schneiden.

Die Butter in einer Pfanne erhitzen und die Pilze bei mittlerer Hitze ca. 5 Minuten anbraten. Den Knoblauch und den Grünkohl hinzugeben, mit dem Kohl Allrounder und dem Salz würzen und weitere 2 Minuten anbraten. Mit dem Kochwasser ablöschen und ca. 3 Minuten köcheln lassen.

Die Spaghetti hinzugeben, gut vermengen und für weitere 2 Minuten köcheln lassen. Die Pasta mit dem Parmesan garnieren und servieren.

NÄHRWERTE	KALORIEN	KH	DAVON ZUCKER	PROTEINE	FETT	DAVON GF	SALZ
PRO PORTION	474	73	2.2	23	9.6	5.5	0.8

Rosenkohl-Pasta

mit aromatischen Nüssen

Endlich ist es wieder so weit – die Supermärkte sind voll mit leckerem Herbstgemüse und es ist an der Zeit für wärmende Kohlgerichte! Die vielfältigen Aromen unseres Pasta Allrounders passen sich perfekt an die nussige Note des Gerichtes an und geben Deinem grünen Kohlgemüse den aromatischen Extra-Kick! Der Agavendicksaft sorgt für eine leicht süßliche Note, die Deine Pasta zum besonderen Gaumenschmaus macht.

4 Portionen
20 Minuten Zubereitung
30 Minuten Backzeit

250 g Rosenkohl
50 g Walnüsse
100 g Haselnüsse
2 EL Olivenöl
1 EL Balsamicoessig, hell
1 EL Agavendicksaft
400 g Fusilli
150 g Crème fraîche
75 g Parmesan, gerieben
1 Bund Petersilie
6 Pr. Just Spices Pasta Allrounder

Den Backofen auf 180 °C (Ober-/Unterhitze) vorheizen.

Den Rosenkohl putzen und halbieren. Die Nüsse grob hacken und mit dem Rosenkohl in eine Schüssel geben. Das Olivenöl mit dem Balsamicoessig, Agavendicksaft und dem Pasta Allrounder hinzufügen und gründlich vermengen. Auf ein mit Backpapier ausgelegtes Backblech geben und ca. 25–30 Minuten backen.

Währenddessen in einem Topf reichlich Salzwasser zum Kochen bringen und die Fusilli nach Packungsanleitung al dente kochen und abgießen. Dabei 150 ml Kochwasser auffangen.

Die Fusilli mit dem Kochwasser in eine Pfanne geben und zum Kochen bringen. Die Crème fraîche, den Parmesan und den Rosenkohl hinzugeben, gründlich vermengen und ca. 1 Minute köcheln lassen.

Die Petersilie waschen, trocken tupfen, abzupfen und fein schneiden. Unter die Nudeln heben und sofort servieren.

NÄHRWERTE	KALORIEN	KH	DAVON ZUCKER	PROTEINE	FETT	DAVON GF	SALZ
PRO PORTION	865	82	9	29	47	14	0.54

Cremige Pasta

mit Brokkoli und Bacon

Cremige Maccheroni, kräftiger Speck und aromatischer Brokkoli – eine leckere Kombination, mit der sich ein gemütlicher Herbsttag perfekt abrunden lässt. Die Aromen unseres Kohl Allrounders harmonieren wunderbar mit dem wohl beliebtesten Kohlgemüse und sorgen für ein würziges Geschmackserlebnis.

4 Portionen
30 Minuten Zubereitung

400 g Maccheroni
1 Brokkoli
150 g Bacon
2 Knoblauchzehen
1 Zwiebel
1 EL Olivenöl
200 g Kochsahne
4 Pr. Salz
6 Pr. Just Spices Kohl Allrounder

In einem Topf reichlich Salzwasser zum Kochen bringen und die Maccheroni nach Packungsanleitung al dente kochen und abgießen. Dabei 150 ml Kochwasser auffangen.

Den Brokkoli gründlich waschen und in kleine Röschen schneiden. Den Bacon in feine Streifen schneiden und beiseitestellen. Den Knoblauch und die Zwiebel schälen und fein würfeln.

Das Olivenöl in einer Pfanne erhitzen und den Bacon bei mittlerer Hitze ca. 2 Minuten anbraten. Nach und nach den Brokkoli, Knoblauch und die Zwiebeln hinzugeben und weitere 5 Minuten braten. Anschließend mit dem Salz und dem Kohl Allrounder würzen.

Zum Schluss die Kochsahne und das Kochwasser hinzufügen und ca. 3 Minuten einköcheln lassen. Die Maccheroni hinzugeben, gut unterheben und noch einmal ca. 3 Minuten köcheln lassen.

NÄHRWERTE	KALORIEN	KH	DAVON ZUCKER	PROTEINE	FETT	DAVON GF	SALZ
PRO PORTION	591	75	4.8	22	22	10	0.47

Pasta Lorraine

mit Lauch und Speck

Die Kombination des französischen Quiche-Klassikers und cremiger Pasta klingt doch einfach nach einer perfekten Mischung – findest Du nicht? Unser Quiche Gewürzmix kommt mit klassischen Zwiebelaromen und einer dezenten Schärfe daher und ist nicht nur die Geheimzutat für Quiche jeglicher Art, sondern macht auch in Deiner Pasta eine super Figur.

4 Portionen
20 Minuten Zubereitung

400 g Penne
½ Stange Lauch
200 g Speckwürfel
150 g Sahne
150 g Crème fraîche
4 Pr. Salz
1 TL Just Spices Quiche Gewürzmix

In einem Topf reichlich Salzwasser zum Kochen bringen und die Penne nach Packungsanleitung al dente kochen und abgießen. Dabei 200 ml Kochwasser auffangen.

Den Lauch waschen, putzen, längs halbieren und in feine Halbringe schneiden.

Die Speckwürfel in einer beschichteten Pfanne ohne Fett knusprig ausbacken. Anschließend den Lauch hinzufügen und bei mittlerer Hitze ca. 4 Minuten braten. Mit dem Kochwasser und der Sahne ablöschen und aufkochen lassen. Etwa 1 Minute köcheln lassen, die Nudeln hinzugeben und gründlich unterheben.

Mit dem Quiche Gewürzmix und dem Salz würzen und die Crème fraîche unterheben.

NÄHRWERTE	KALORIEN	KH	DAVON ZUCKER	PROTEINE	FETT	DAVON GF	SALZ
PRO PORTION	731	75	3.7	22	38	20	0.63

QUICHE
GEWÜRZMIX

Vegetarische Cannelloni

mit Spinat-Ricotta-Füllung

Die vegetarische Version der klassischen Cannelloni – sie kommt ganz ohne Fleisch aus, schmeckt dabei aber mindestens genauso gut. Die Spinat-Ricotta-Füllung überzeugt nicht nur mit ihrer leuchtend grünen Farbe, sondern ist auch geschmacklich ein echtes Highlight. Überzeuge Dich selbst und erlebe Dein grünes Wunder!

6 Portionen
20 Minuten Zubereitung
30 Minuten Backzeit

Für die Spinat-Ricotta-Füllung:
300 g junger Blattspinat
1 Knoblauchzehe
500 g Ricotta
8 Pr. Just Spices Spinat Gewürz

Für die Cannelloni:
18 Cannelloni
800 g passierte Tomaten
100 ml Wasser
2 EL Balsamicoessig, dunkel
1 Bio-Zitrone, Saft & Abrieb
2 Laib Mozzarella, à 125 g
2 Handvoll Basilikum
6 Pr. Just Spices Spinat Gewürz

Für die Füllung den Spinat gründlich waschen, den Knoblauch schälen und zusammen mit dem Ricotta und dem Spinat Gewürz in ein hohes Gefäß geben und mit einem Pürierstab fein mixen.

Die Cannelloni mit der Spinat-Ricotta-Mischung füllen und in eine Auflaufform geben.

Den Backofen auf 180 °C (Ober-/Unterhitze) vorheizen.

Die passierten Tomaten mit dem Wasser und dem Balsamicoessig vermengen. Die Zitrone waschen, die Schale abreiben und den Saft auspressen. Die Tomatensoße mit dem Zitronensaft und -abrieb sowie dem Spinat Gewürz abschmecken.

Die Soße über die Cannelloni geben und die Form ca. 25–30 Minuten in den Ofen geben.

Währenddessen den Mozzarella abgießen, in Scheiben schneiden und ca. 5 Minuten vor Ende der Backzeit auf dem Auflauf verteilen.

Das Basilikum waschen, trocken tupfen und die fertigen Cannelloni damit garnieren.

NÄHRWERTE	KALORIEN	KH	DAVON ZUCKER	PROTEINE	FETT	DAVON GF	SALZ
PRO PORTION	688	84	8.3	37	22	12	1.3

Klassische Cannelloni

mit würziger Hackfleischfüllung

Ein italienischer Klassiker – Cannelloni mit Hackfleischfüllung. Das Prinzip ist ganz einfach: Statt die Soße am Ende über Deine Pasta zu geben, wird sie bei den hübschen Nudelröllchen einfach direkt hineingefüllt. Bedeckt mit cremiger Béchamelsoße und etwas würzigem Parmesan können die Cannelloni dann auch schon in den Ofen wandern.

6 Portionen
25 Minuten Zubereitung
25 Minuten Backzeit

Für die Hackfleischfüllung:
1 Zwiebel
1 Knoblauchzehe
1 EL Rapsöl
500 g Hackfleisch, gemischt
500 g passierte Tomaten
6 Pr. Just Spices Pasta Allrounder

Für die Béchamelsoße:
25 g Butter
15 g Mehl
300 ml Milch
70 g Frischkäse

Für die Cannelloni:
250 g Cannelloni
70 g Parmesan
1 Handvoll Basilikum

Die Zwiebel und den Knoblauch schälen und fein würfeln. Das Rapsöl in einer Pfanne erhitzen und die Zwiebel- und Knoblauchwürfel ca. 3 Minuten glasig anschwitzen.

Das Hackfleisch hinzugeben und mitbraten. Die Hälfte der passierten Tomaten hinzugeben und mit dem Pasta Allrounder würzen. Die Hackfleischsoße ca. 10 Minuten köcheln lassen und anschließend etwas abkühlen lassen.

Den Backofen auf 180 °C (Ober-/Unterhitze) vorheizen.

Für die Béchamelsoße die Butter in einem Topf schmelzen, nach und nach das Mehl mit einem Löffel einrühren und anschließend langsam und unter Rühren die Milch zugießen. Die Soße ca. 2 Minuten unter Rühren köcheln lassen. Anschließend den Frischkäse einrühren.

Die restlichen passierten Tomaten in eine Auflaufform gießen. Die Cannelloni mit der Hackfleischsoße befüllen und nebeneinander in die Form legen. Die Hälfte der Béchamelsoße darauf verteilen und mit einer zweiten Schicht Cannelloni und Soße belegen.

Abschließend den Parmesan reiben und über den Auflauf streuen. Die Form ca. 25 Minuten in den vorgeheizten Backofen geben.

Das Basilikum waschen, trocken tupfen und die fertigen Cannelloni damit garnieren.

NÄHRWERTE	KALORIEN	KH	DAVON ZUCKER	PROTEINE	FETT	DAVON GF	SALZ
PRO PORTION	529	34	5.8	30	30	15	0.76

PASTA
ALLROUNDER

Gefüllte Muschelnudeln

mit Käsecreme und Speck

Muschelnudeln – italienisch Conchiglie – woher dieser Name stammt, sollte auf den ersten Blick direkt klar sein. Die großen Nudeln lassen sich nach Belieben füllen, bei uns kommen sie mit kräftigem Speck und schmackhafter Käsecreme daher. Kaum sind sie im Ofen, verbreitet sich der himmlische Duft schon im ganzen Haus und die Vorfreude auf Deine leckere Pasta steigt ins Unermessliche.

6 Portionen
30 Minuten Zubereitung
30 Minuten Backzeit

250 g Muschelnudeln
3 Knoblauchzehen
1 EL Butter
70 g Mandeln, gehobelt
150 g Parmesan, gerieben
150 g italienischer Bergkäse, gerieben
250 g Ricotta
200 g weiße Bohnen
150 g Pancetta, in Scheiben
500 g stückige Tomaten
4 Pr. Salz
2 TL Just Spices Italian Allrounder

In einem Topf reichlich Salzwasser zum Kochen bringen und die Muschelnudeln ca. 5 Minuten bissfest kochen, abgießen und abschrecken.

Den Knoblauch schälen und fein würfeln. In einem breiten Topf die Butter zum Schmelzen bringen und die Mandeln und den Knoblauch ca. 2 Minuten anbraten. 100 g Parmesan und den Bergkäse hinzugeben und vorsichtig unter Rühren schmelzen lassen. Zusammen mit dem Ricotta und den weißen Bohnen in ein hohes Gefäß geben und mit einem Pürierstab fein mixen. Mit dem Italian Allrounder abschmecken, beiseitestellen und abkühlen lassen.

Den Backofen auf 180 °C (Ober-/Unterhitze) vorheizen.

Die Pancetta in eine Pfanne geben und bei mittlerer Hitze auslassen und knusprig ausbacken. Anschließend herausnehmen, auf einem Küchenkrepp abtropfen lassen und beiseitestellen. Die stückigen Tomaten in die Pfanne geben, zum Kochen bringen, mit dem Salz würzen und ca. 2 Minuten einkochen lassen.

Die Tomatensoße in eine Auflaufform geben. Die Nudeln mit der Käsecreme füllen und auf die Tomatensoße geben. Mit dem restlichen Parmesan bestreuen und ca. 30 Minuten backen.

Die Form aus dem Ofen nehmen und die Pancetta darüberbröseln.

NÄHRWERTE	KALORIEN	KH	DAVON ZUCKER	PROTEINE	FETT	DAVON GF	SALZ
PRO PORTION	585	36	4.6	34	34	16	1.3

Gefüllte Muschelnudeln

mit Ricotta und Spinat

Eine weitere Variante der gefüllten Nudeln, die Dein Pastaherz höher schlagen lässt! Muschelnudeln (Conchiglie) mit frischem Blattspinat und cremigem Ricotta, eingebettet in einer fruchtig-würzigen Tomatensoße. Unser Italian Allrounder sorgt zum Schluss noch für den mediterranen Geschmack und holt Dir die Sonne auf den Teller.

4 Portionen
30 Minuten Zubereitung
35 Minuten Backzeit

Für die Nudeln:
250 g Muschelnudeln
500 g junger Blattspinat
1 Zwiebel
4 Knoblauchzehen
1 EL Olivenöl
75 g Parmesan
250 g Ricotta
4 Pr. Salz
2 TL Just Spices Italian Allrounder

Für die Tomatensoße:
1 Zwiebel
1 EL Olivenöl
300 g passierte Tomaten
4 Pr. Salz
1 TL Just Spices Italian Allrounder

In einem Topf reichlich Salzwasser zum Kochen bringen und die Muschelnudeln ca. 5 Minuten kochen, abgießen und kalt abschrecken.

Den Spinat waschen, trocken schleudern und in feine Streifen schneiden. Die Zwiebel und den Knoblauch schälen, halbieren und fein würfeln. In einer Pfanne das Olivenöl erhitzen und die Zwiebel- und Knoblauchwürfel bei mittlerer Hitze ca. 2 Minuten anschwitzen. Den Spinat hinzufügen und bei leichter Hitze ca. 4 Minuten braten, bis er zerfallen ist. Die Spinatmischung in eine Schüssel geben und kurz abkühlen lassen. Den Parmesan reiben und mit dem Ricotta hinzugeben und gründlich unterrühren. Mit dem Salz und dem Italian Allrounder abschmecken und bis zur weiteren Verwendung beiseitestellen.

Für die Tomatensoße die Zwiebel schälen, halbieren und fein würfeln. In einem Topf das Olivenöl erhitzen und die Zwiebelwürfel bei mittlerer Hitze ca. 4 Minuten anschwitzen. Mit den passierten Tomaten ablöschen, zum Kochen bringen und mit dem Salz und dem Italian Allrounder abschmecken.

Den Backofen auf 200 °C (Ober-/Unterhitze) vorheizen. Die Tomatensoße in eine Auflaufform geben. Die Muschelnudeln mit der Ricottacreme füllen und in der Form verteilen. Die Form ca. 35 Minuten in den Ofen geben, herausnehmen und ca. 5 Minuten abkühlen lassen.

NÄHRWERTE	KALORIEN	KH	DAVON ZUCKER	PROTEINE	FETT	DAVON GF	SALZ
PRO PORTION	492	52	6.7	24	20	9.9	1.8

Tipp: Du magst es veggie? In vielen Supermärkten bekommst Du auch Parmesan ohne tierisches Lab.

ITALIAN
ALLROUNDER

Vegan gefüllte Muschelnudeln

mit Tofucreme und fruchtiger Tomatensoße

Bei der Füllung der großen Muschelnudeln (Conchiglie) sind Deiner Fantasie keine Grenzen gesetzt. Wir haben für jeden Geschmack und alle Vorlieben etwas dabei – wie klingt unsere vegane Variante mit Tofucreme und fruchtiger Tomatensoße für Dich? 0 Prozent tierische Produkte bei 100 Prozent Geschmack! Abgeschmeckt mit unserem Lasagne Gewürzmix erhältst Du ein wahrhaftes Feuerwerk aus dem Ofen.

4 Portionen
25 Minuten Zubereitung
30 Minuten Backzeit

250 g Muschelnudeln
300 g junger Blattspinat
2 Zwiebeln
3 Knoblauchzehen
3 EL Olivenöl
200 g Tofu
250 g Kirschtomaten
600 g passierte Tomaten
150 g veganer Käseersatz, gerieben
4 Pr. Salz
3 TL Just Spices Lasagne Gewürzmix

In einem Topf reichlich Salzwasser zum Kochen bringen und die Muschelnudeln ca. 5 Minuten kochen, abgießen und abschrecken.

Den Backofen auf 180 °C (Ober-/Unterhitze) vorheizen.

Den Spinat waschen und trocken schleudern. Die Zwiebeln und den Knoblauch schälen und fein würfeln. 2 EL Olivenöl in einer Pfanne erhitzen, den Knoblauch und die Hälfte der Zwiebelwürfel ca. 3 Minuten bei mittlerer Hitze anschwitzen. Den Spinat hinzugeben und bei leichter Hitze ca. 2 Minuten braten, bis er zerfällt. Zusammen mit dem Tofu in einen Standmixer geben und fein mixen. Mit 2 TL Lasagne Gewürzmix abschmecken.

Für die Tomatensoße die Kirschtomaten waschen und halbieren. Das restliche Olivenöl in einem Topf erhitzen und die restlichen Zwiebeln und Kirschtomaten ca. 4 Minuten bei mittlerer Hitze braten. Mit den passierten Tomaten auffüllen, zum Kochen bringen und mit dem Salz und dem restlichen Lasagne Gewürzmix abschmecken.

Die Tomatensoße in eine Auflaufform geben. Die Nudeln mit der Tofucreme füllen und in der Form platzieren. Den Käseersatz daraufgeben und ca. 30 Minuten in den Ofen geben.

NÄHRWERTE	KALORIEN	KH	DAVON ZUCKER	PROTEINE	FETT	DAVON GF	SALZ
PRO PORTION	626	62	11	28	29	3.6	1.9

Mediterrane Tortellini-Pfanne

mit saftiger Hähnchenbrust

Herzhafte Tortellini treffen auf saftige Hähnchenbrust und frisches Gemüse. Die Kombination mit gerösteten Pinienkernen und einem cremigen Dip lässt Deine Pastaträume wahr werden! Unser Mediterraner Gemüse Allrounder sorgt abschließend noch für die optimale Würze und rundet Deine Tortellini-Pfanne perfekt ab.

4 Portionen
30 Minuten Zubereitung

Für die Tortellinipfanne:
400 g Tortellini, mit Fleischfüllung
1 Paprika, rot
1 Zucchini
1 Aubergine
250 g Hähnchenbrust
75 g Pinienkerne
3 EL Olivenöl
1 EL Just Spices Mediterraner Gemüse Allrounder

Für den Dip:
250 g Schmand
2 TL Tomatenmark
2 TL Just Spices Sour Cream Gewürz

In einem Topf reichlich Salzwasser zum Kochen bringen und die Tortellini nach Packungsanleitung al dente kochen, abgießen und abschrecken.

Die Paprika waschen, halbieren und das Kerngehäuse entfernen. Die Zucchini waschen, beide Enden abschneiden und vierteln. Die Aubergine waschen, beide Enden abschneiden und zusammen mit dem anderen Gemüse in ca. 1 × 1 cm große Würfel schneiden. Die Hähnchenbrust von Haut und Sehnen befreien und in mundgerechte Würfel schneiden.

Die Pinienkerne in einer beschichteten Pfanne ohne Fett bei mittlerer Hitze goldgelb anrösten. Dabei gelegentlich umrühren, damit die Kerne nicht verbrennen. Aus der Pfanne nehmen und beiseitestellen.

In der gleichen Pfanne das Olivenöl erhitzen und das Fleisch bei starker Hitze ca. 2 Minuten braten. Das Gemüse hinzufügen und bei mittlerer Hitze weitere 5 Minuten braten. Mit dem Mediterranen Gemüse Allrounder abschmecken, die Tortellini hinzufügen und 2 Minuten braten.

Für den Dip alle Zutaten gründlich miteinander verrühren. Die Tortellinipfanne mit dem Dip servieren.

NÄHRWERTE	KALORIEN	KH	DAVON ZUCKER	PROTEINE	FETT	DAVON GF	SALZ
PRO PORTION	682	38	8.9	38	42	14	2

Scannen und unser Mediter-
ranes Gewürz Set entdecken

TOMATEN
MOZZARELLA
GEWÜRZ

Tortellini al forno

mit fruchtigen Kirschtomaten und Mozzarella

Tortellini al forno – das ideale Gericht für den großen Hunger und die ganze Familie! Tortellini sind ringförmige Teigwaren, die aufgrund ihrer besonderen Füllungen zum herzhaften Gaumenschmaus werden. Traditionell kommen die Nudeln mit einer Fleischfüllung daher, heutzutage sind aber auch vegetarische Füllungen wie Gemüse oder Käse nicht mehr wegzudenken. Außerdem gut zu wissen: „al forno" steht für „im Ofen gebacken".

4 Portionen
20 Minuten Zubereitung
15 Minuten Backzeit

500 g Tortellini
1 Zwiebel
2 Knoblauchzehen
250 g Kirschtomaten
1 EL Olivenöl
250 g Sahne
400 g passierte Tomaten
1 Laib Mozzarella, à 125 g
1 EL Pinienkerne, geröstet
4 Pr. Salz
2 TL Just Spices Tomaten Mozzarella Gewürz

In einem Topf reichlich Salzwasser zum Kochen bringen und die Tortellini nach Packungsanleitung al dente kochen und abgießen. Anschließend kalt abschrecken.

Die Zwiebel und den Knoblauch schälen und fein würfeln. Die Kirschtomaten waschen und halbieren.

Den Backofen auf 200 °C (Ober-/Unterhitze) vorheizen.

Das Olivenöl in einer ofenfesten Pfanne erhitzen und die Zwiebel- und Knoblauchwürfel ca. 3 Minuten anschwitzen. Mit der Sahne und den passierten Tomaten ablöschen und zum Kochen bringen. Die Kirschtomaten hinzugeben und ca. 2 Minuten köcheln lassen.

Mit dem Tomaten Mozzarella Gewürz und dem Salz abschmecken, die Tortellini hinzugeben und gründlich unterheben. Den Mozzarella abgießen, grob zerrupfen und über die Tortellini geben.

Die Pfanne ca. 10–15 Minuten in den Backofen geben, bis der Käse verlaufen ist. Anschließend mit den Pinienkernen garnieren und servieren.

NÄHRWERTE	KALORIEN	KH	DAVON ZUCKER	PROTEINE	FETT	DAVON GF	SALZ
PRO PORTION	584	35	8.9	33	35	17	2.7

Tipp: Wir empfehlen Dir für den absoluten Hochgenuss, Tortellini mit Käse- oder Ricottafüllung zu verwenden.

ONE-POT-NUDELN – EIN TOPF VOLLER AROMEN

Du hast gerade ein zauberhaftes Abendessen serviert und schon während des Essens graut es Dir vor dem eben entstandenen Schüssel- und Pfannenchaos in der Küche? An diesem Punkt waren wir sicher alle schon mal. Umso verführerischer ist doch die Vorstellung, nach einem köstlichen Essen einfach die Füße hochzulegen – ganz ohne lästiges Spülen. Zugegeben, so ganz können wir Dir diesen Traum nicht erfüllen. Es gibt aber eine Art des Kochens, die alle Eiligen, alle Spülfaulen und alle Fans der schnellen und schmackhaften Speisen glücklich macht: Das Prinzip „One-Pot".

EIN GEFÄSS – UNENDLICH VIELE MÖGLICHKEITEN

Gehört hast Du ganz sicher schon von leckeren One-Pot-Gerichten. Aber was genau verbirgt sich hinter dem Begriff? Ganz einfach: Ein komplettes Gericht wird in nur einem Topf oder einer Pfanne zubereitet. Klingt ungewohnt, ist aber ein wahrer Gamechanger.

Seinen Ursprung hat der One-Pot-Gedanke übrigens in den USA: Die Kochikone und Fernsehmoderatorin Martha Stewart gilt als Begründerin der One-Pot-Gerichte und hat zahlreiche Rezepte verschiedenster Art für das Kochen in nur einem Gefäß entwickelt.

Schon gewusst? Es gibt auch sogenannte One-Sheet-Pan-Gerichte – das Prinzip ist sehr ähnlich, nur dass alles auf einem Backblech im Ofen statt in einem Topf zubereitet wird. Besonders gut funktioniert das zum Beispiel mit Fisch und einer großzügigen Gemüsebeilage.

3 GRÜNDE, WARUM DU ONE-POT LIEBEN WIRST

Bevor Du nun aber glaubst, wir mögen One-Pot-Gerichte nur wegen des geringeren Aufwands beim Spülen – ganz und gar nicht! Es gibt unzählige Gründe, mal alles auf einen Kochtopf zu setzen:

1. Intensive Aromen: Durch das Köcheln vieler verschiedener Zutaten in einem Gefäß entsteht ein unglaublich harmonisches Geschmackserlebnis. Alle Aromen verbinden sich spielend leicht – ohne dass Du viel nachhelfen musst.

2. Wenig Zeit am Herd: Nachdem Du Deine Lieblingszutaten geschnibbelt und auf den Herd gebracht hast, musst Du nichts mehr tun, nur gelegentlich umrühren. So kannst Du schon mal den Tisch decken oder Dich einfach kurz entspannen und auf Dein kulinarisches Meisterwerk freuen.

3. Perfekt für einsame Lebensmittel: Selbst wenn Du es nicht in den Supermarkt geschafft hast und nur noch ein paar einsame Gemüse- und Konservenreste zuhause hast: Ein One-Pot-Gericht verzeiht viel und schmeckt auch mit wenig Zutaten wunderbar, wenn Du ein paar simple Grundregeln befolgst. Welche das sind, erfährst Du gleich.

SCHON GEWUSST?

NUDELFAKTEN: DIE RICHTIGE LAGERUNG

Nudeln mögen es trocken und dunkel – lagere Deine Nudeln am besten im Vorratsschrank. Wenn Du eine Packung angebrochen hast, gehört sie in ein sauberes, trockenes Schraubglas.

DIE DOS & DON'TS DER ONE-POT-KUNST

Der Grundgedanke und die wichtigsten Vorteile des Kochens in nur einem Gefäß sind jetzt wahrscheinlich klar. Wenn Du nun direkt Deinen eigenen Topf voller Nudelglück zaubern willst, haben wir noch ein paar Tipps für Dich, die Deinen Weg zum One-Pot-Profi ebnen werden:

DO:

1. Genug Flüssigkeit hinzugeben: Besonders Nudeln nehmen im Kochprozess sehr viel Flüssigkeit auf. Die Faustregel: Auf 500 Gramm Nudeln kommt etwa 1 Liter Wasser oder Brühe. Am besten gibst Du die Flüssigkeit nach und nach hinzu und entscheidest selbst, wann Dir die Konsistenz aller Zutaten zusagt.

2. Großen Topf oder tiefe Pfanne benutzen: Damit die Nudeln nicht zusammenkleben und Du ohne zu kleckern umrühren kannst, braucht Deine One-Pot-Kreation genug Platz. Wähle deshalb ein möglichst breites und großes Kochgefäß.

3. Garzeiten beachten: Wenn Du viele verschiedene Gemüsesorten mit unterschiedlichen Garpunkten kombinierst, solltest Du das schon beim Schnibbeln beachten. Schneide hartes Gemüse wie etwa Süßkartoffeln, Karotten oder Kürbis am kleinsten und schnell garende Gemüsesorten wie Paprika oder Zucchini etwas größer. Blattspinat oder Zuckerschoten hingegen solltest Du erst kurz vor dem Servieren unterrühren.

4. Mit neuen Kombinationen experimentieren: Deinem Gericht fehlt das gewisse Etwas oder einfach die geschmackliche Tiefe? Gib etwas Sojasoße in die Kochflüssigkeit oder würze Sie mit einem Just Spices Mix etwas stärker nach. So nehmen die einzelnen Bestandteile einen harmonischen, kräftigen Geschmack an. Du wünschst Dir eine cremige Soße? Ersetze einen Teil der Kochflüssigkeit durch pflanzliche oder herkömmliche Sahne oder einen Schuss Kokosmilch. Vertraue auf Dein kulinarisches Bauchgefühl und wage Dich auch an neue Kombinationen heran.

DON'T:

1. Zu lange kochen lassen: Wenn einzelne Bestandteile Deiner Kreation verkochen, ist das finale Gericht geschmacklich wohl keine Offenbarung mehr. Natürlich kannst Du es noch essen, Du solltest aber lieber einmal zu oft den Garpunkt checken.

2. Flüssigkeit abschütten: Gerade zu Beginn darf ruhig etwas Flüssigkeit im Topf stehen. Schütte sie auf keinen Fall ab, sonst verlierst Du wertvolle Aromen! Wenn Du Dich mal mit der Flüssigkeit verschätzt hast, kannst Du ganz zum Schluss etwas abschöpfen oder es mit einer Mehlschwitze versuchen.

3. Zu selten umrühren: Dieser Punkt klingt banal, ist aber absolut wichtig. Damit Deine Nudeln nicht zusammenkleben, musst Du unbedingt regelmäßig umrühren.

So – all diese Tipps kannst Du nun direkt in die Tat umsetzen.

Deshalb haben wir hier eine mögliche One-Pot-Kombi aus der Kategorie supereasy für Dich: **Pasta al pomodoro.**

500 g Spaghetti
1 l Gemüsebrühe
400 g gehackte oder passierte Tomaten
2–3 Prisen Just Spices Pasta Allrounder

So geht's: Nudeln in den Topf geben, Brühe, Tomaten und etwas Pasta Allrounder hinzugeben, Deckel drauf und etwa 10 Minuten bei mittlerer Hitze köcheln lassen. Wenn die Nudeln noch al dente sind, sofort servieren und mit 1–2 Prisen Pasta Allrounder toppen.

Natürlich kannst Du dieses Grundrezept noch durch diverse Gemüsekomponenten wie Paprika, Zucchini, Spinat oder Kapern erweitern. Klingt doch machbar, oder? Wenn Du wirklich absolut entspannt in die Welt der One-Pot-Kreationen eintauchen möchtest, probier's mal mit unserer **IN MINUTES Bio Tomaten Mozzarella One Pot Pasta.** Dafür brauchst Du nur drei frische Zutaten, um eine cremige, perfekt gewürzte Leibspeise zu zaubern.

Jetzt wird's aber erstmal Zeit für jede Menge clevere Rezepte voller Nudelglück in Deinem Topf. Also, zücke Deinen Lieblingstopf und mach Dich bereit für maximalen Genuss ohne Küchenchaos. Da hätten wir zum Beispiel leckere One-Pot-Pasta mit Lachs oder cremigen Pilz-Orzo mit Feta. Los geht's und dann guten Appetit!

Spicy One-Pot-Nudeln

mit Chinakohl und Tofu

Scharf, schärfer, Scharfes Topping! Unser Mix aus drei verschiedenen Chilisorten bringt Dich auf Hochtouren und sorgt für scharfe Momente in der Küche. Die pikante Note harmoniert hervorragend mit der süßlichen Kokosmilch und der kräftigen Currypaste. Der Chinakohl, Tofu und die Glasnudeln runden Dein asiatisches One-Pot-Gericht optimal ab.

6 Portionen
40 Minuten Zubereitung

1 Chinakohl
300 g Tofu
4 Knoblauchzehen
1 Zwiebel
4 Stangen Frühlingslauch
50 g Cashewkerne, geröstet
1 EL Sonnenblumenöl
1 EL Currypaste, rot
1 EL Tomatenmark
200 ml Kokosmilch
300 ml Wasser
400 g Glasnudeln
2 TL Just Spices Scharfes Topping

Den Chinakohl waschen, vierteln, vom Strunk befreien und mundgerecht würfeln. Den Tofu in ca. 0,5 × 0,5 cm große Würfel schneiden. Den Knoblauch und die Zwiebel schälen und fein würfeln. Den Frühlingslauch waschen, putzen und in feine Ringe schneiden. Die Cashewkerne grob hacken.

Das Sonnenblumenöl in einer großen Pfanne erhitzen und den Tofu von allen Seiten ca. 2 Minuten anbraten. Chinakohl-, Knoblauch- und Zwiebelwürfel hinzugeben und weitere 2 Minuten braten. Die Currypaste und das Tomatenmark hinzugeben und ca. 1 Minute unter Rühren anbraten. Mit der Kokosmilch und dem Wasser auffüllen und aufkochen lassen. Die Glasnudeln und 1 TL Scharfes Topping hinzugeben. Unter Rühren ca. 10 Minuten köcheln lassen, bis die Glasnudeln bissfest sind und die Soße cremig eingekocht ist.

Die Nudeln auf 6 Teller geben und mit dem Frühlingslauch, den Cashewkernen und dem restlichen Scharfen Topping garniert servieren.

NÄHRWERTE	KALORIEN	KH	DAVON ZUCKER	PROTEINE	FETT	DAVON GF	SALZ
PRO PORTION	475	64	5.2	15	17	8.9	0.56

Vegane One-Pot-Tagliatelle

mit cremiger Erdnusssoße

Sehen diese asiatisch angehauchten Nudeln nicht unfassbar lecker aus? Und wir können Dir verraten: Das sind sie auch! Cremiges Erdnussmus trifft auf frischen Ingwer, würzigen Knoblauch und dampfende Nudeln. Die Aromen in diesem Gericht harmonieren einfach wunderbar und unser Asia Bowl Topping setzt dem Ganzen noch die Krone auf. Ein echter Urlaub für Deine Geschmacksknospen!

4 Portionen
35 Minuten Zubereitung

1 Paprika
½ Fenchel
100 g Austernpilze
100 g Champignons
25 g Ingwer
2 Knoblauchzehen
2 Stangen Frühlingslauch
900 ml Wasser
3 EL Erdnussmus
3 EL Sojasoße
1 Limette, Saft
400 g Tagliatelle
1 Handvoll Erdnüsse
2 EL Just Spices Asia Bowl Topping

Die Paprika waschen, halbieren, das Kerngehäuse entfernen und in ca. 2 cm breite Streifen schneiden. Den Fenchel waschen, vom Strunk befreien und in ca. 2 × 2 cm große Würfel schneiden. Die Pilze putzen, die Austernpilze in Streifen zupfen und die Champignons vierteln.

Den Ingwer und den Knoblauch schälen und sehr fein schneiden. Den Frühlingslauch waschen, putzen und in ca. 1 cm breite Ringe schneiden.

Das Wasser mit dem Erdnussmus, der Sojasoße, Ingwer und dem Knoblauch in einen Topf geben. Die Limette halbieren, den Saft auspressen und mit in den Topf geben. Alles zum Kochen bringen, die Tagliatelle hinzugeben und ca. 10 Minuten köcheln lassen. Dabei gelegentlich umrühren.

Die Erdnüsse grob hacken und in einer Pfanne ohne Fett ca. 4 Minuten bei mittlerer Hitze goldbraun rösten.

Die Paprika zusammen mit den Pilzen und dem weißen Teil des Frühlingslauchs zu den Nudeln geben und ca. 5 Minuten mitgaren. 1 EL Asia Bowl Topping hinzufügen und unterrühren.

Die Nudeln auf 4 Tellern anrichten, mit dem grünen Teil des Frühlingslauchs, den gerösteten Erdnüssen und je 2 Prisen Asia Bowl Topping garnieren.

NÄHRWERTE	KALORIEN	KH	DAVON ZUCKER	PROTEINE	FETT	DAVON GF	SALZ
PRO PORTION	537	79	6.8	22	14	2.3	0.83

Exotische One-Pot-Curry-Pasta

mit Mango und Paprika

Wenn Du nicht schon vom bloßen Anschauen unserer exotischen Curry-Pasta gute Laune bekommen hast, wird das spätestens nach der ersten Gabel der Fall sein! Fruchtige Mango und süßliche Kokosmilch sorgen für ein außergewöhnliches Geschmackserlebnis. Unser perfekt abgestimmtes Curry Madras rundet absolut jedes Curry einfach perfekt ab.

4 Portionen
45 Minuten Zubereitung

2 Paprika, rot
4 Knoblauchzehen
1 Zwiebel
2 Stangen Frühlingslauch
1 Mango
1 EL Sonnenblumenöl
250 ml Kokosmilch
450 ml Wasser
400 g Linguine
1 EL Just Spices Curry Madras
2 TL Just Spices Asia Bowl Topping

Die Paprika waschen, halbieren, das Kerngehäuse entfernen und fein würfeln. Den Knoblauch und die Zwiebel schälen und ebenfalls fein würfeln. Den Frühlingslauch waschen, putzen und in feine Ringe schneiden.

Die Mango schälen, halbieren und den Kern entfernen. Eine Hälfte der Mango in ein hohes Gefäß geben und mit einem Pürierstab fein mixen. Die andere Hälfte fein würfeln.

Das Sonnenblumenöl in einem breiten Topf erhitzen und die Paprika-, Zwiebel- und Knoblauchwürfel bei mittlerer Hitze ca. 4 Minuten braten. Das Curry Madras hinzugeben und 20 Sekunden mitbraten. Mit der Kokosmilch, dem Mangopüree und dem Wasser auffüllen und zum Kochen bringen. Die Linguine hinzugeben und ca. 20 Minuten bei mittlerer Hitze cremig einköcheln lassen.

Zum Schluss den Frühlingslauch und die Mangowürfel unterheben und mit dem Asia Bowl Topping garniert servieren.

NÄHRWERTE	KALORIEN	KH	DAVON ZUCKER	PROTEINE	FETT	DAVON GF	SALZ
PRO PORTION	594	88	15	16	19	14	0.42

One-Pot-Hummus-Pasta

mit Kichererbsen

Hummus-Lover aufgepasst: Es wird Zeit für einen orientalischen Gaumenschmaus! Unsere cremige Hummus-Pasta kommt nicht nur komplett ohne tierische Produkte aus, sondern wird auch ausschließlich in einem einzigen Topf zubereitet. Das heißt: Weniger Geschirr zum Abspülen und mehr Zeit zum Entspannen und Genießen!

6 Portionen
35 Minuten Zubereitung

2 EL getrocknete Tomaten, in Öl
1 Dose Kichererbsen, à 400 g
1 Bund Petersilie
4 Knoblauchzehen
1 Zwiebel
1 EL Olivenöl
1 l Wasser
350 g Hummus
50 g Haselnusskerne
500 g Trofie, oder kurze, dünne Pasta nach Wahl
3 TL Salz
1 EL Just Spices Knoblauchpfeffer

Die getrockneten Tomaten in ca. 0,5 cm breite Streifen schneiden. Die Kichererbsen durch ein Sieb abgießen, abbrausen und abtropfen lassen. Die Petersilie waschen und grob schneiden. Den Knoblauch und die Zwiebel schälen und fein würfeln.

Das Olivenöl in einem großen Topf erhitzen und Knoblauch- und Zwiebelwürfel ca. 3 Minuten glasig anschwitzen. Mit dem Wasser auffüllen, das Salz und den Knoblauchpfeffer hinzugeben und aufkochen lassen. 250 g Hummus, die Haselnüsse, getrocknete Tomaten, Kichererbsen und die Pasta hinzugeben und bei mittlerer Hitze ca. 20 Minuten köcheln lassen.

Am Ende der Garzeit ca. ¾ der Petersilie hinzufügen. Die Pasta auf 6 Teller verteilen und mit je 1 EL Hummus und etwas Petersilie garnieren.

NÄHRWERTE	KALORIEN	KH	DAVON ZUCKER	PROTEINE	FETT	DAVON GF	SALZ
PRO PORTION	557	82	2.9	22	16	1.2	0.76

Tipp: Die Kochzeit kann je nach Nudelsorte variieren. Falls die Nudeln nach der angegebenen Zeit noch nicht gar sind, ggf. noch etwas Wasser hinzufügen und für einige Minuten weiterköcheln lassen.

One-Pot-Pasta

mit frischem Spinat und Lachs

Es gibt Dinge, die passen einfach perfekt zusammen – wie zum Beispiel Pasta, frischer Spinat und zarter Lachs. Zusammen mit einer cremigen Sahnesoße ist diese Kombination einfach unschlagbar und kann nur noch durch unser Lachs Gewürz perfektioniert werden. Alles was Du noch zu tun hast: Augen schließen, zurücklehnen und einfach genießen!

4 Portionen
35 Minuten Zubereitung

1 Zwiebel
2 Knoblauchzehen
400 g Lachsfilet
200 g junger Blattspinat
1 EL Olivenöl
900 ml Wasser
250 g Sahne
400 g Linguine
3 Pr. Salz
1 EL Just Spices Lachs Gewürz

Die Zwiebel und den Knoblauch schälen und fein würfeln. Den Lachs in ca. 4 × 4 cm große Würfel schneiden. Den Spinat waschen und trocken schleudern.

Das Olivenöl in einem großen Topf erhitzen und Zwiebel- und Knoblauchwürfel ca. 3 Minuten bei mittlerer Hitze glasig anschwitzen. Mit dem Wasser und der Sahne ablöschen, das Lachs Gewürz hinzufügen und aufkochen lassen.
Die Linguine hinzufügen und ca. 25 Minuten köcheln lassen, dabei gelegentlich umrühren.

Den Spinat und das Salz hinzufügen, anschließend den Lachs mit in den Topf geben und vorsichtig unterrühren. Für ca. 5 Minuten bei niedrigster Hitze ruhen lassen, damit der Lachs gar zieht.

NÄHRWERTE	KALORIEN	KH	DAVON ZUCKER	PROTEINE	FETT	DAVON GF	SALZ
PRO PORTION	785	74	3.7	36	38	16	1.5

One-Pot-Spinat-Rigatoni

mit Burrata und Feta

Käse-Lover aufgepasst: diese Spinat-Rigatoni werden in einer einzigen Pfanne zubereitet und mit zwei unserer liebsten Käsesorten getoppt. Die Kombination aus cremiger Burrata und würzigem Feta ist ein wahr gewordener Traum, der Deine kleinen Nudeln geschmacklich perfekt abrundet. Um die passenden Gewürze musst Du Dir zum Glück auch keine Gedanken mehr machen, diesen Job übernimmt unser Feta Gewürz!

5 Portionen
15 Minuten Zubereitung
45 Minuten Backzeit

1 Zwiebel, rot
3 Knoblauchzehen
1 Dose stückige Tomaten, à 400 g
200 ml Wasser
400 g junger Blattspinat
300 g Spinat, tiefgekühlt
500 g Mini-Rigatoni
100 g Burrata
150 g Feta
4 Pr. Salz
2 TL Just Spices Feta Gewürz

Den Backofen auf 190 °C (Ober-/Unterhitze) vorheizen.

Die Zwiebel und den Knoblauch schälen und fein würfeln.

Die stückigen Tomaten mit dem Wasser in einer ofenfesten Pfanne zum Kochen bringen. Den Blattspinat waschen und trocken schleudern. Die Zwiebel- und Knoblauchwürfel zusammen mit dem Blattspinat und dem tiefgekühlten Spinat hinzugeben. Gründlich vermengen und mit dem Salz und dem Feta Gewürz würzen.

Die Mini-Rigatoni unterheben, die Burrata und den Feta grob zerteilen und über die Nudeln geben.

Die Pfanne ca. 45 Minuten in den Backofen geben.

NÄHRWERTE	KALORIEN	KH	DAVON ZUCKER	PROTEINE	FETT	DAVON GF	SALZ
PRO PORTION	536	75	4.1	26	13	7.9	1.3

Feta-Gnocchi mit buntem Gemüse

aus dem Ofen

Dieses Blitzgericht wird Dein Herz höher schlagen lassen! Mit nur wenigen Zutaten und minimalem Aufwand zauberst Du leckere Feta-Gnocchi mit buntem Gemüse. Was Du dafür tun musst? Ganz einfach: alle Zutaten zusammen in eine Auflaufform geben, mit unserem Feta Gewürz verfeinern und für 30 Minuten im Ofen backen – das war's! Manchmal sind die einfachsten Gerichte eben doch die Besten.

4 Portionen
10 Minuten Zubereitung
30 Minuten Backzeit

2 Zucchini
300 g Kirschtomaten
400 g Gnocchi, Kühlregal
150 g Feta
150 g Kochsahne
1 EL Olivenöl
2 TL Just Spices Feta Gewürz

Den Backofen auf 180 °C (Ober-/Unterhitze) vorheizen.

Die Zucchini waschen, beide Enden abschneiden und das Kerngehäuse entfernen. Die Zucchini anschließend in ca. 0,5 × 0,5 cm große Würfel schneiden. Die Tomaten waschen und halbieren.

Die Gnocchi zusammen mit dem Gemüse und dem Feta in eine Auflaufform geben, die Kochsahne und das Olivenöl hinzufügen und mit dem Feta Gewürz würzen.

Die Form ca. 30 Minuten in den Ofen geben und anschließend verrühren, bis eine cremige Soße entsteht. Falls die Soße etwas zu dick ist, einfach etwas Wasser oder Gemüsebrühe hinzugeben.

NÄHRWERTE	KALORIEN	KH	DAVON ZUCKER	PROTEINE	FETT	DAVON GF	SALZ
PRO PORTION	397	42	8.2	14	18	10	2.2

Tipp: Geröstete Pinienkerne geben dem Gericht das gewisse Etwas.

Cremige Pilz-Orzo

mit Parmesan und Frühlingslauch

Auch wenn dieses schmackhafte One-Pot-Gericht optisch an ein Pilzrisotto erinnert, spielen kleine Orzo-Nudeln hier die Hauptrolle. Wir verwenden nicht nur eine, sondern gleich zwei verschiedene Pilzarten, um Dir das volle Geschmackserlebnis zu garantieren! Die Cremigkeit darf natürlich auch nicht zu kurz kommen – dafür ist durch die Sahne und den würzigen Parmesan aber bereits bestens gesorgt.

4 Portionen
40 Minuten Zubereitung

200 g Champignons, braun
200 g Austernpilze
2 Stangen Frühlingslauch
1 Zwiebel, rot
2 Knoblauchzehen
1 EL Olivenöl
400 g Orzo-Nudeln
900 ml Wasser
250 g Sahne
50 g Parmesan, gerieben
1 TL Salz
1 EL Just Spices Feta Gewürz

Die Pilze putzen. Die Champignons anschließend vierteln und die Austernpilze entlang ihrer Lamellen in Streifen schneiden. Den Frühlingslauch waschen, putzen und in ca. 0,5 cm breite Ringe schneiden. Die Zwiebel und den Knoblauch schälen und fein würfeln.

Das Olivenöl in einem großen Topf erhitzen und die Zwiebel- und Knoblauchwürfel ca. 3 Minuten glasig anbraten. Die Pilze hinzugeben und weitere 3 Minuten braten. Die Orzo-Nudeln hinzugeben und ca. 1 Minute mitbraten. Mit dem Wasser aufgießen und das Feta Gewürz hinzugeben. Aufkochen lassen und ca. 15 Minuten sanft köcheln lassen. Anschließend die Sahne hinzugeben und weitere 5 Minuten köcheln lassen.

Den Frühlingslauch und den Parmesan unterrühren und mit dem Salz abschmecken.

NÄHRWERTE	KALORIEN	KH	DAVON ZUCKER	PROTEINE	FETT	DAVON GF	SALZ
PRO PORTION	646	77	4.8	22	28	14	1.3

ITALIAN
ALLROUNDER

One-Pot-Pesto-Pasta

mit saftigen Rinderfiletstreifen

Die saftigen Rinderfiletstreifen bilden das Herzstück dieser aromatischen Pastakreation. In Kombination mit roter Paprika und einem selbst gemachten Pesto werden Deine Linguine optimal in Szene gesetzt. Und das Beste: Alles passiert in nur einem Topf! Mit unserem Italian Allrounder holst Du Dir dazu noch die Sonne Italiens direkt auf Deinen Teller. Lass es Dir schmecken!

6 Portionen
50 Minuten Zubereitung

Für das Pesto:
4 Knoblauchzehen
400 g rote Paprika, eingelegt
75 g Cashewkerne, geröstet
200 g getrocknete Tomaten, in Öl
2 EL Parmesan, gerieben
1 TL Just Spices Italian Allrounder

Für die Pasta:
2 Spitzpaprika, rot
1 Zwiebel, rot
300 g Rinderfilet
1 EL Olivenöl
1 EL Tomatenmark
1 l Wasser
400 g Linguine
2 TL Salz
1 TL Just Spices Italian Allrounder

Für das Pesto den Knoblauch schälen und zusammen mit der Paprika, den Cashewkernen und den getrockneten Tomaten in ein hohes Gefäß geben. 1 EL Tomatenöl hinzugeben und alles mit einem Pürierstab zu einem feinen Pesto mixen. Den Parmesan unterheben und mit dem Italian Allrounder abschmecken.

Für die Pasta die Spitzpaprika waschen, halbieren, das Kerngehäuse entfernen und in mundgerechte Stücke schneiden. Die Zwiebel schälen, halbieren und fein würfeln.

Das Rinderfilet abtupfen, in ca. 0,5 cm breite Streifen schneiden und mit 1 TL Salz würzen. Das Olivenöl in einem breiten Topf erhitzen und das Fleisch bei starker Hitze von allen Seiten ca. 1 Minute anbraten, herausnehmen und nebeneinander auf einem Teller platzieren.

Die Paprika und Zwiebel in den Topf geben und bei mittlerer Hitze ca. 2 Minuten braten. Das Tomatenmark hinzugeben und untermischen. Mit dem Wasser und dem Pesto auffüllen, die Linguine, 1 TL Salz und den Italian Allrounder hinzugeben und ca. 20 Minuten köcheln lassen. Dabei mehrfach umrühren. 1 Minute vor Kochende das Rinderfilet hinzugeben und unterheben. Sofort servieren.

NÄHRWERTE	KALORIEN	KH	DAVON ZUCKER	PROTEINE	FETT	DAVON GF	SALZ
PRO PORTION	505	59	9.1	29	16	3.9	2.8

Mac and Cheese

mit leckeren Butterbröseln

Italienische Pasta trifft auf würzigen Käse – Mac and Cheese, oder wie man es auch nennen kann: der cremigste Import aus den USA. In den amerikanischen Dinern findest Du das traditionelle Gericht auf fast jeder Speisekarte. Der schmackhaften Mischung aus Maccheroni und Käse kann aber auch niemand widerstehen. Die Butterbrösel sorgen für den herrlichen Crunch-Faktor und machen Deinen Auflauf zum absoluten Genuss!

4 Portionen
20 Minuten Zubereitung
15 Minuten Backzeit

Für die Butterbrösel:
1 EL Butter
50 g Semmelbrösel

Für die Mac and Cheese:
350 g Mini-Maccheroni oder Hörnchennudeln
2 EL Butter
2 EL Mehl
450 ml Vollmilch
150 g frisch geriebener Käse, nach Wahl
4 Pr. Salz, je nach Käsesorte
2 TL Just Spices Knoblauchpfeffer

Für die Butterbrösel die Butter mit den Semmelbröseln in eine Pfanne geben und bei mittlerer Hitze ca. 2 Minuten braten. Anschließend aus der Pfanne nehmen und beiseitestellen.

Parallel in einem Topf reichlich Salzwasser zum Kochen bringen und die Nudeln 2 Minuten weniger als auf der Packungsanleitung angegeben kochen und abgießen.

Den Backofen auf 220 °C (Ober-/Unterhitze) vorheizen.

Die Butter in einem Topf schmelzen, das Mehl unter Rühren hinzugeben und ca. 1 Minute anschwitzen. Die Milch unter Rühren hinzugeben und unter nun ständigem Rühren zum Kochen bringen. Die Masse ca. 2 Minuten köcheln lassen, den Käse unterheben und mit dem Salz und Knoblauchpfeffer abschmecken.

Die Nudeln unter die Soße heben, in eine Auflaufform geben und mit den Butterbröseln bedeckt ca. 15 Minuten backen.

NÄHRWERTE	KALORIEN	KH	DAVON ZUCKER	PROTEINE	FETT	DAVON GF	SALZ
PRO PORTION	639	81	7	30	21	13	1.3

Empfehlung aus der Küche: „Meine Lieblings-Käse-Mischung für Mac and Cheese besteht aus Cheddar, Comté oder Greyerzer, Edamer und einem intensiven Bergkäse. Wichtig für unvergleichliche Mac and Cheese: Den Käse per Hand reiben. Bereits vorgeriebener Käse enthält häufig ein Trennmittel, das die typischen Käsefäden verhindern kann."

TOMATEN
MOZZARELLA
GEWÜRZ

Rigatoni-Auflauf

mit Tomaten und Mozzarella

Eins steht fest: Bei dem Zusammenspiel aus Pasta, Tomaten und Mozzarella kann nur etwas ganz Wunderbares entstehen. Unser Rigatoni-Auflauf überzeugt nicht nur mit einer simplen Zutatenliste und einfacher Zubereitung, sondern auch mit grandiosem Geschmack. Da der Backofen hier die größte Arbeit übernimmt, kannst Du Deine Zeit anderen Aufgaben widmen und Deinen Auflauf anschließend ganz in Ruhe genießen.

4 Portionen
20 Minuten Zubereitung
25 Minuten Backzeit

350 g Kirschtomaten
2 Knoblauchzehen
2 EL Olivenöl
500 g passierte Tomaten
200 ml Wasser
400 g Rigatoni
1 Laib Mozzarella, à 125 g
3 Pr. Salz
4 Pr. Just Spices Tomaten Mozzarella Gewürz

Den Backofen auf 180 °C (Umluft) vorheizen.

Die Tomaten waschen und halbieren. Den Knoblauch schälen und fein schneiden. Das Olivenöl in einer Pfanne erhitzen und den Knoblauch ca. 2 Minuten bei mittlerer Hitze anschwitzen. Mit den passierten Tomaten und dem Wasser auffüllen. Anschließend mit dem Salz und dem Tomaten Mozzarella Gewürz würzen und zum Kochen bringen.

Die Nudeln in eine Auflaufform geben. Die Tomaten und die Soße darauf verteilen. Den Mozzarella abgießen, grob zupfen und über den Auflauf verteilen. Die Form in den Ofen geben und ca. 20–25 Minuten backen.

NÄHRWERTE	KALORIEN	KH	DAVON ZUCKER	PROTEINE	FETT	DAVON GF	SALZ
PRO PORTION	531	71	6.5	22	17	6.6	0.87

Aromatischer Penne-Auflauf

mit Feta und Hähnchen

Dieser aromatische Nudelauflauf bringt mehr Würze in Dein Leben! Pasta mit fruchtiger Tomatensoße und saftigem Hähnchenbrustfilet wird getoppt von kräftigem Feta und feinstem Mozzarella. Dieser raffinierte Penne-Auflauf lässt in Sachen Genuss garantiert keine Wünsche offen!

4 Portionen
30 Minuten Zubereitung
40 Minuten Backzeit

1 Zwiebel
3 Knoblauchzehen
1 Chilischote
2 Rispentomaten
400 g Hähnchenbrustfilet
2 EL Olivenöl
400 g passierte Tomaten
200 ml Wasser
500 g Penne
250 g Feta
100 g Mozzarella, gerieben
4 Pr. Salz
1 EL Just Spices Feta Gewürz

Die Zwiebel und den Knoblauch schälen, halbieren und fein würfeln. Die Chilischote waschen, halbieren, von Samen und Scheidewänden befreien und in feine Ringe schneiden.

Die Tomaten waschen und in mundgerechte Würfel schneiden. Die Hähnchenbrust von Haut und Sehnen befreien und in mundgerechte Stücke schneiden.

Den Backofen auf 200 °C (Ober-/Unterhitze) vorheizen.

1 EL Olivenöl in einer Pfanne erhitzen und das Fleisch bei starker Hitze ca. 2 Minuten anbraten, aus der Pfanne nehmen und beiseitestellen. Das restliche Olivenöl, Zwiebel- und Knoblauchwürfel sowie den Chili in die Pfanne geben und bei mittlerer Hitze ca. 2 Minuten anschwitzen.

Die Tomatenwürfel hinzugeben, unterheben und mit den passierten Tomaten und dem Wasser auffüllen und zum Kochen bringen. Mit dem Feta Gewürz und dem Salz abschmecken, die Pasta hinzufügen und ca. 3 Minuten köcheln lassen.

Die Masse in eine Auflaufform geben, den Feta darüber bröseln und den Mozzarella auf dem Auflauf verteilen. Die Form ca. 40 Minuten in den Backofen geben. Vor dem Servieren ca. 5 Minuten abkühlen lassen.

NÄHRWERTE	KALORIEN	KH	DAVON ZUCKER	PROTEINE	FETT	DAVON GF	SALZ
PRO PORTION	605	63	3.6	38	22	10	1.7

CARBONARA GEWÜRZ
JUST SPICES

Vegetarischer Alfredo-Nudelauflauf

mit jungem Blattspinat

Knusprig und cremig zugleich: Dieser vegetarische Nudelauflauf hat das Potenzial zum neuen Lieblingsgericht! Und sind wir mal ehrlich: Sogar die leckersten Gerichte schmecken mit Käse überbacken noch viel besser. Er verleiht Deinem Auflauf neben der goldbraunen Farbe und dem würzigen Geschmack auch noch ein knuspriges Topping!

6 Portionen
30 Minuten Zubereitung
20 Minuten Backzeit

500 g Fusilli
2 Zwiebeln
400 g junger Blattspinat
2 EL Olivenöl
400 g Sahne
4 Eier
150 g Käse, gerieben
3 EL Butter
3 EL Semmelbrösel
6 Pr. Just Spices Carbonara Gewürz

Den Backofen auf 180 °C (Umluft) vorheizen.

In einem Topf reichlich Salzwasser zum Kochen bringen, die Fusilli nach Packungsanleitung al dente kochen und abgießen.

Die Zwiebeln schälen und fein würfeln. Den Spinat waschen und trocken schleudern. In einer großen Pfanne das Olivenöl erhitzen und die Zwiebelwürfel ca. 3 Minuten bei mittlerer Hitze glasig anschwitzen. Den Spinat hinzugeben, zusammenfallen lassen und die Pfanne beiseitestellen.

Die Nudeln und den Spinat in eine große Auflaufform füllen und vermengen. In einer Schüssel die Sahne mit den Eiern und dem Carbonara Gewürz verrühren und über die Nudeln geben.

Den Auflauf mit dem Käse bestreuen und ca. 20 Minuten in den Ofen geben.

Währenddessen die Butter in einem Topf schmelzen lassen, die Semmelbrösel hinzugeben und bei mittlerer Hitze leicht rösten. Die Butterbrösel über den Auflauf geben und weitere 5–10 Minuten backen.

Den Auflauf aus dem Ofen nehmen, kurz etwas abkühlen lassen und servieren.

NÄHRWERTE	KALORIEN	KH	DAVON ZUCKER	PROTEINE	FETT	DAVON GF	SALZ
PRO PORTION	740	60	4.5	26	44	22	1.4

Tipp: Für eine fettreduzierte Variante kann die Hälfte der Sahne durch Milch ersetzt werden.

Veganer Nudelauflauf

mit cremiger Pilzsoße vom Blech

Ein Nudelauflauf mit cremiger Sahnesoße und knuspriger Käsekruste in Vegan? Aber klar, gar kein Problem! Wir haben alle tierischen Produkte einfach gegen vegane Alternativen ausgetauscht und beweisen Dir, dass es geschmacklich kaum einen Unterschied macht. Der Frikadellen Gewürzmix zeigt deutlich, wie vielfältig einsetzbar unsere Gewürze wirklich sind – denn auch in Deinem veganen Auflauf macht er sich ausgesprochen gut.

4 Portionen
30 Minuten Zubereitung
20 Minuten Ziehzeit
25 Minuten Backzeit

Für die Pilzsoße:
20 g Steinpilze, getrocknet
150 ml Wasser, warm
500 g Pilze, gemischt
1 Stange Lauch
4 Knoblauchzehen
1 Zwiebel
1 EL Margarine, vegan
1 EL Balsamicoessig, dunkel
2 EL Sojasoße
250 g Hafersahne
2 TL Just Spices Frikadellen Gewürzmix

Außerdem:
500 g Rigatoni
150 g geriebener Käseersatz, vegan

Für die Pilzsoße die Steinpilze ca. 20 Minuten in dem Wasser einweichen. Anschließend in feine Stücke schneiden und das Wasser aufbewahren.

Die Pilze putzen und in mundgerechte Stücke schneiden. Den Lauch waschen, putzen und in feine Ringe schneiden. Den Knoblauch und die Zwiebel schälen und fein würfeln.

Die vegane Margarine in einer Pfanne erhitzen und die Pilze bei starker Hitze ca. 3 Minuten anbraten. Den Lauch sowie die Zwiebel- und Knoblauchwürfel hinzugeben und weitere 3 Minuten bei mittlerer Hitze anbraten. Mit dem Balsamicoessig und der Sojasoße ablöschen. Die Hafersahne, das Pilzwasser und die Steinpilze hinzugeben, zum Kochen bringen, mit dem Frikadellen Gewürzmix würzen und bei mittlerer Hitze ca. 3 Minuten köcheln lassen.

Den Backofen auf 200 °C (Ober-/Unterhitze) vorheizen.

In einem Topf reichlich Salzwasser zum Kochen bringen und die Rigatoni 2 Minuten kürzer als auf der Packungsanleitung angegeben kochen lassen. Anschließend abschütten und zur Pilzrahmsoße geben. Auf ein großes, tiefes Backblech geben und gut verteilen.

Mit dem veganen Käseersatz bestreuen und ca. 25 Minuten backen.

NÄHRWERTE	KALORIEN	KH	DAVON ZUCKER	PROTEINE	FETT	DAVON GF	SALZ
PRO PORTION	806	102	7.1	31	29	3.6	1.8

FRIKADELLEN
GEWÜRZMIX

Cremige Ofenfrikadellen

mit Penne in fruchtiger Tomatensoße

Typisch deutsche Frikadellen oder doch lieber italienische Pasta? In diesem Fall musst Du Dich gar nicht mehr entscheiden! Wir haben einfach beide Klassiker für Dich in einem Gericht vereint. Die würzigen Hackbällchen harmonieren wunderbar mit der fruchtig-cremigen Tomatensoße und bringen Deine Geschmacksknospen zum Strahlen.

6 Portionen
20 Minuten Zubereitung
25 Minuten Backzeit

Für die Frikadellen:
600 g Hackfleisch, gemischt
125 g Parmaschinken
3 Knoblauchzehen
1 Zwiebel, rot
½ Bund Basilikum
2 EL Tomaten, getrocknet
2 Eier
75 g Semmelbrösel
2 EL Olivenöl
6 Pr. Just Spices Frikadellen Gewürzmix

Für die Tomatensoße:
1 Dose passierte Tomaten, à 400 g
1 Dose stückige Tomaten, à 400 g
1 EL Tomatenmark
150 g Mozzarella, gerieben
4 Pr. Salz

Außerdem:
400 g Penne

Das Hackfleisch in eine Schüssel geben. Den Parmaschinken würfeln. Den Knoblauch und die Zwiebel schälen und fein würfeln. Das Basilikum waschen, trocken tupfen und mit den getrockneten Tomaten fein schneiden.

Die vorbereiteten Zutaten mit den Eiern und den Semmelbröseln zum Hackfleisch geben und mit den Händen gründlich vermengen. Mit dem Frikadellen Gewürzmix abschmecken.

Den Backofen auf 180 °C (Ober-/Unterhitze) vorheizen.

Die Hackfleisch-Mischung in Bällchen formen. In einer ofenfesten Pfanne das Olivenöl erhitzen und die Bällchen bei starker Hitze ca. 5 Minuten rundherum anbraten.

Für die Tomatensoße die passierten Tomaten mit den stückigen Tomaten und dem Tomatenmark vermengen und mit dem Salz würzen. Die Tomatensoße zu den Frikadellen in die Pfanne geben und mit dem Mozzarella bestreut ca. 25 Minuten in den Backofen geben.

Währenddessen in einem Topf reichlich Salzwasser zum Kochen bringen und die Penne nach Packungsanleitung al dente kochen und abgießen.

Die Penne mit den Ofenfrikadellen vermengen und servieren.

NÄHRWERTE	KALORIEN	KH	DAVON ZUCKER	PROTEINE	FETT	DAVON GF	SALZ
PRO PORTION	717	62	5.6	43	33	13	1.9

Einfacher Nudelauflauf

mit Spinat und Lachs

Einfacher Nudelauflauf aus dem Ofen! Die Kombination aus Blattspinat und Lachs ist schlicht unschlagbar. Zusammen mit einer cremigen Sahnesoße und kräftigem Parmesan entsteht ein unglaublich leckerer Nudelauflauf, der noch lange in Erinnerung bleibt. Unser Lachs Gewürz peppt Deinen Lieblingsfisch im Nu auf und sorgt zusammen mit der Zitrone für eine aromatische Frische.

6 Portionen
20 Minuten Zubereitung
45 Minuten Backzeit

500 g junger Blattspinat
3 Knoblauchzehen
1 EL Olivenöl
1 Bio-Zitrone, Saft & Abrieb
200 g Kochsahne
400 ml Wasser
500 g Penne
450 g Lachsfilet
250 g Schmand
100 g Mozzarella, gerieben
100 g Parmesan, gerieben
4 Pr. Salz
1 EL Just Spices Lachs Gewürz

Den Spinat waschen und trocken schleudern. Den Knoblauch schälen und fein würfeln. In einer Pfanne das Olivenöl erhitzen und den Spinat mit dem Knoblauch ca. 4 Minuten bei mittlerer Hitze anbraten.

Die Zitrone waschen, die Schale abreiben und den Saft auspressen. Zitronensaft und -abrieb mit der Kochsahne und dem Wasser in die Pfanne geben. Alles zum Kochen bringen, mit dem Lachs Gewürz und dem Salz würzen. Die Penne hinzugeben und ca. 3 Minuten köcheln lassen.

Den Backofen auf 200 °C (Ober-/Unterhitze) vorheizen.

Den Lachs in ca. 2 cm breite Streifen schneiden und die Hälfte zusammen mit dem Schmand zu den Nudeln in die Pfanne geben. Die Nudeln in eine Auflaufform (ca. 34 × 24 cm) geben, den restlichen Lachs sowie den Käse darüber verteilen und die Form ca. 45 Minuten in den Backofen geben.

Vor dem Servieren kurz abkühlen lassen.

NÄHRWERTE	KALORIEN	KH	DAVON ZUCKER	PROTEINE	FETT	DAVON GF	SALZ
PRO PORTION	735	64	4.7	39	35	18	1.5

Tipp: Wir empfehlen Dir, den Käse vor der Verwendung frisch zu reiben.

ARRABBIATA
GEWÜRZ

Cremige Feta-Pasta

mit Kirschtomaten und Chili

Ein super einfaches Rezept der besonderen Art! Alles was Du dafür tun musst: die Zutaten in eine Auflaufform geben, die Nudeln kochen und zum Schluss alles einmal sorgfältig vermischen – fertig! Schon erhältst Du eine spicy Feta-Pasta, die es in sich hat. Fast schon zu einfach, um wahr zu sein, oder?

4 Portionen
20 Minuten Zubereitung
35 Minuten Backzeit

1 Chilischote
2 Knoblauchzehen
500 g Kirschtomaten
400 g Feta
3 EL Olivenöl
1 EL Balsamicoessig, dunkel
300 g Fusilli
4 Pr. Just Spices Arrabbiata Gewürz

Den Backofen auf 200 °C (Ober-/ Unterhitze) vorheizen.

Die Chilischote waschen und fein schneiden. Den Knoblauch schälen und ebenfalls fein schneiden. Die Tomaten waschen.

Den Feta in die Mitte einer Auflaufform geben. Tomaten, Chili und Knoblauch um den Feta herum verteilen. Den Feta mit dem Arrabbiata Gewürz würzen und mit dem Olivenöl und Balsamicoessig beträufeln.

Die Form ca. 35 Minuten in den Ofen geben.

Währenddessen in einem Topf reichlich Salzwasser zum Kochen bringen und die Fusilli nach Packungsanleitung al dente kochen und abgießen.

Den Feta aus dem Ofen nehmen und mit einer Gabel zerdrücken, bis eine cremige Soße entsteht. Mit den gekochten Fusilli vermengen und servieren.

NÄHRWERTE	KALORIEN	KH	DAVON ZUCKER	PROTEINE	FETT	DAVON GF	SALZ
PRO PORTION	653	54	4.7	28	36	18	2.7

Griechische Feta-Pasta

mit Tomaten und Oliven

Die griechisch angehauchte Variante der originalen Feta-Pasta, die zu Recht einen neuen Trend gesetzt hat. Nur wenige Zutaten, kaum Aufwand und dennoch so unglaublich lecker! Diese griechische Feta-Pasta zeigt, wie wandelbar das klassische Rezept tatsächlich ist – durch kleine Änderungen kann Großes entstehen! Die Kombination aus Feta und würzigen Oliven verleiht Deinen Nudeln einen ganz neuen Geschmack.

4 Portionen
20 Minuten Zubereitung
35 Minuten Backzeit

200 g Feta
500 g Kirschtomaten
1 Zwiebel, rot
100 g Oliven, gemischt
3 EL Olivenöl
250 g Penne
8 Pr. Just Spices Griechischer Allrounder

Den Backofen auf 185 °C (Umluft) vorheizen.

Den Feta in eine Auflaufform legen. Die Tomaten waschen. Die Zwiebel schälen, halbieren und in feine Streifen schneiden. Die Oliven durch ein Sieb abgießen und abtropfen lassen. Die Tomaten mit den Zwiebelstreifen und Oliven in die Auflaufform geben.

Mit dem Olivenöl beträufeln, mit dem Griechischen Allrounder würzen und gründlich vermengen. Die Form ca. 35 Minuten in den Backofen geben.

Währenddessen in einem Topf reichlich Salzwasser zum Kochen bringen und die Penne nach Packungsanleitung al dente kochen und abgießen.

Die Form aus dem Ofen nehmen und mit einer Gabel zu einer cremigen Soße zerdrücken. Die Penne hinzugeben, gründlich vermengen und servieren.

NÄHRWERTE	KALORIEN	KH	DAVON ZUCKER	PROTEINE	FETT	DAVON GF	SALZ
PRO PORTION	489	45	4.3	18	25	10	3

GRIECHISCHER
ALLROUNDER

FRIKADELLEN GEWÜRZMIX

Vegetarischer Nudelauflauf

mit knusprigen Gemüsebällchen

Unser vegetarischer Nudelauflauf zeigt, wie vielseitig Gemüse sein kann. Harte Schale, weicher Kern – die knusprigen Bällchen stecken voller buntem Gemüse und sind dabei noch ein echter Hingucker. Und auch wenn die kleinen Bällchen ganz ohne Fleisch auskommen, ist unser Frikadellen Gewürzmix ein perfect match!

6 Portionen
20 Minuten Zubereitung
20 Minuten Ziehzeit
30 Minuten Backzeit

Für die Gemüsebällchen:
2 Karotten
1 Zucchini
150 g junger Blattspinat
1 Zwiebel
200 g Haferflocken
50 ml Vollmilch
3 EL Olivenöl
4 Pr. Salz
1 EL Just Spices Frikadellen Gewürzmix

Für den Nudelauflauf:
500 ml Vollmilch
200 ml Wasser
400 g Tortiglioni
250 g Crème fraîche
250 g Kirschtomaten
2 Laib Mozzarella, à 125 g
4 Pr. Salz

Für die Gemüsebällchen die Karotten schälen, die Zucchini waschen, beide Enden abschneiden und mit den Karotten grob raspeln. Den Spinat waschen, trocken schleudern und fein hacken. Die Zwiebel schälen, halbieren und fein würfeln. Die Hälfte der Haferflocken mit einem Standmixer fein mixen. Alle Zutaten bis auf das Olivenöl in eine Schüssel geben und vermengen. Die Masse ca. 20 Minuten ziehen lassen. Anschließend mit angefeuchteten Händen kleine Bällchen formen.

Das Olivenöl in einer Pfanne erhitzen und die Gemüsebällchen von allen Seiten ca. 4 Minuten braten.

Den Backofen auf 200 °C (Ober-/Unterhitze) vorheizen.

Für den Nudelauflauf die Milch mit dem Wasser in einen Topf geben und zum Kochen bringen. Die Tortiglioni in den Topf geben, ca. 2 Minuten köcheln lassen und mit dem Salz würzen. Die Crème fraîche unterrühren.

Die Tomaten waschen und halbieren. Die Nudeln samt Flüssigkeit und die Tomaten in einer Auflaufform verteilen. Die Gemüsebällchen auf die Nudeln geben, den Mozzarella abgießen und grob darüber zupfen. Den Auflauf ca. 30 Minuten goldbraun backen.

NÄHRWERTE	KALORIEN	KH	DAVON ZUCKER	PROTEINE	FETT	DAVON GF	SALZ
PRO PORTION	717	80	10	26	31	17	1

Vegetarische Regenbogenlasagne

mit buntem Gemüse

Achtung, jetzt wird's bunt! Auch wenn allein der Anblick unserer farbenfrohen Regenbogenlasagne schon glücklich macht, bringt der Geschmack das Ganze nochmal auf das nächste Level. Kürbis, Rote Bete und Spinat sorgen für reichlich geschmackliche Abwechslung, die klassische Tomatensoße und der Mozzarella on top dürfen natürlich auch nicht fehlen. Schicht für Schicht ein Genuss!

6 Portionen
45 Minuten Zubereitung
30 Minuten Backzeit

Für die Regenbogenschichten:
1 Hokkaido-Kürbis
1 Zwiebel
5 Knoblauchzehen
4 EL Olivenöl
4 Kugeln Rote Bete, gekocht
2 EL Balsamicoessig, dunkel
500 g junger Blattspinat
500 g Ricotta
2,5 TL Salz
1 TL Just Spices Lasagne Gewürzmix

Für die Tomatensoße:
1 Zwiebel, rot
250 g Kirschtomaten
2 EL Olivenöl
400 g passierte Tomaten
1 Dose stückige Tomaten, à 400 g
4 Pr. Salz
2 TL Just Spices Lasagne Gewürzmix

Für die Fertigstellung:
250 g Lasagneplatten
150 g Mozzarella, gerieben

Den Backofen auf 180 °C (Ober-/Unterhitze) vorheizen. Den Kürbis waschen, halbieren, entkernen und grob würfeln. Die Zwiebel und 3 Knoblauchzehen schälen und würfeln. Das Gemüse mit 2 EL Olivenöl, dem Lasagne Gewürzmix und 1 TL Salz vermengen. Auf ein mit Backpapier ausgelegtes Backblech geben und 30 Minuten backen. Dann mit einer Gabel zu einem Püree verarbeiten.

Die Rote Bete mit 1 EL Olivenöl, Balsamicoessig und 0,5 TL Salz in ein hohes Gefäß geben und mit einem Pürierstab mixen.

Den Spinat waschen, trocken schleudern und fein schneiden. 2 Knoblauchzehen schälen und fein schneiden. In einer Pfanne 1 EL Olivenöl erhitzen, den Knoblauch und Spinat ca. 3 Minuten braten. Mit dem Ricotta und 1 TL Salz verrühren.

Für die Soße die Zwiebel schälen, halbieren und würfeln. Die Tomaten waschen und halbieren. In einem Topf das Olivenöl erhitzen und die Zwiebel ca. 2 Minuten anschwitzen. Die Kirschtomaten, passierte und stückige Tomaten hinzufügen, zum Kochen bringen und mit dem Lasagne Gewürzmix und Salz würzen.

In einer Auflaufform nacheinander jeweils ein Gemüsepüree, Lasagneplatten und Tomatensoße schichten. Mit dem Käse bestreuen und ca. 30 Minuten backen.

NÄHRWERTE	KALORIEN	KH	DAVON ZUCKER	PROTEINE	FETT	DAVON GF	SALZ
PRO PORTION	559	57	24	28	24	9.3	1.6

PUMPKIN PIE SPICE
JUST SPICES

Vegetarische Kürbislasagne

mit knusprigen Kürbiskernen

Wie wäre es mit einer herbstlichen Lasagne? Der Kombination aus einer aromatischen Kürbis-Tomatensoße, klassischen Lasagneplatten und der cremigen Béchamelsoße solltest Du definitiv eine Chance geben! Wir lieben das farbenfrohe Gemüse in jeglicher Form, der Hokkaido-Kürbis bringt außerdem einen entscheidenden Vorteil mit sich: Er muss nicht geschält werden – und Du sparst Dir jede Menge Zeit und Kraft!

4 Portionen
30 Minuten Zubereitung
40 Minuten Backzeit

Für die Lasagne:
800 g Hokkaido-Kürbis
1 Zwiebel, rot
2 EL Olivenöl
1 Dose stückige Tomaten, à 400 g
200 g Lasagneplatten
1 Laib Mozzarella, à 125 g
1 Handvoll Kürbiskerne
1 Pr. Salz, Pfeffer
4 Pr. Just Spices Pumpkin Pie Spice

Für die Béchamelsoße:
20 g Butter
20 g Mehl
250 ml Vollmilch
2 Pr. Salz
1 Pr. Pfeffer
2 Pr. Muskatnuss

Den Kürbis waschen, halbieren, entkernen und in ca. 1 × 1 cm große Würfel schneiden. Die Zwiebel schälen und fein würfeln. Das Olivenöl in einer Pfanne erhitzen und die Zwiebel ca. 3 Minuten bei mittlerer Hitze anschwitzen. Die Kürbiswürfel hinzugeben und weitere 3 Minuten anbraten.

Mit den stückigen Tomaten ablöschen. Das Pumpkin Pie Spice, Salz und Pfeffer in die Pfanne geben, aufkochen lassen und den Kürbis bissfest garen.

Für die Béchamelsoße die Butter in einem Topf bei mittlerer Hitze schmelzen, das Mehl mit unterrühren und unter Rühren hellgelb anschwitzen. Nach und nach die Milch hinzugeben und unter ständigem Rühren aufkochen lassen. Anschließend mit dem Salz, Pfeffer und der Muskatnuss abschmecken. Den Backofen auf 180 °C (Umluft) vorheizen.

Den Boden einer Auflaufform mit der Kürbissoße füllen. Mit einer Schicht Lasagneplatten belegen. Darauf eine weitere Schicht der Kürbissoße und eine Lage Béchamelsoße geben. Diesen Vorgang so lange wiederholen, bis die Soßen und die Lasagneplatten aufgebraucht sind. Das Schichten mit einer Lage Béchamelsoße beenden.

Den Mozzarella abgießen und grob über die Lasagne zupfen. Mit den Kürbiskernen bestreuen und ca. 30–40 Minuten im Ofen backen.

NÄHRWERTE	KALORIEN	KH	DAVON ZUCKER	PROTEINE	FETT	DAVON GF	SALZ
PRO PORTION	536	53	16	22	26	11	0.58

Einfache Lasagnesuppe

wie wir sie lieben

Wir zeigen Dir, wie Du die Aromen der klassischen Lasagne auf Deinen Teller zauberst, ohne dafür den Ofen anzuschmeißen oder lange Zeit in der Küche verbringen zu müssen. Unsere Lasagnesuppe vereint das Beste aus beiden Welten: die einfache Zubereitung und den unfassbar leckeren Geschmack! Das Topping aus Crème fraîche und Parmesan lässt keine Wünsche offen und unser Lasagne Gewürzmix sorgt für den würzigen Feinschliff.

6 Portionen
40 Minuten Zubereitung

1 l Wasser, heiß
1 Zwiebel
4 Knoblauchzehen
2 Karotten
1 Stange Staudensellerie
300 g Lasagneplatten
1 EL Olivenöl
500 g Hackfleisch, Rind
2 EL Tomatenmark
2 Dosen gehackte Tomaten, à 400 g
250 g Crème fraîche
100 g Parmesan, frisch gerieben
4 Pr. Salz
1 EL Just Spices Gemüsebrühe ohne Zuckerzusatz
1 EL Just Spices Lasagne Gewürzmix

Die Gemüsebrühe ohne Zuckerzusatz mit dem Wasser vermengen und bis zur weiteren Verwendung beiseitestellen.

Die Zwiebel und den Knoblauch schälen und fein würfeln. Die Karotten schälen, den Staudensellerie waschen und putzen und beides in ca. 0,5 × 0,5 cm große Würfel schneiden.

In einem Topf reichlich Salzwasser zum Kochen bringen und die Lasagneplatten nach Packungsanleitung al dente kochen, abgießen und mit kaltem Wasser abschrecken. Anschließend in ca. 3 cm breite Streifen schneiden.

Das Olivenöl in einem großen Topf erhitzen und das Hackfleisch bei starker Hitze ca. 3 Minuten anbraten. Die Zwiebel-, Knoblauch- und Gemüsewürfel hinzugeben und bei mittlerer Hitze ca. 2 Minuten weiterbraten.

Das Tomatenmark hinzugeben, eine weitere Minute braten, mit den gehackten Tomaten und der Gemüsebrühe auffüllen, den Lasagne Gewürzmix hinzugeben und ca. 20 Minuten köcheln lassen. Anschließend mit dem Salz abschmecken und die Lasagnestreifen unterrühren.

In einer kleinen Schüssel die Crème fraîche mit dem Parmesan vermengen. Die Suppe auf Tellern anrichten und mit dem Crème-fraîche-Parmesan-Mix garnieren.

NÄHRWERTE	KALORIEN	KH	DAVON ZUCKER	PROTEINE	FETT	DAVON GF	SALZ
PRO PORTION	577	43	6	31	31	16	2.4

GEMUSEBRUHE
OHNE

Ramen-Suppe

mit selbstgemachter Brühe

Ramen-Suppe beschreibt eine dampfende Schüssel voll kräftiger Brühe, in der eine große Portion Weizennudeln, würzige Einlagen und frische Toppings serviert werden. Das japanische Nationalgericht erfreut sich zunehmend internationaler Beliebtheit und ist auch hierzulande auf immer mehr Speisekarten zu finden. Ein wichtiger Bestandteil ist die geschmackvolle Brühe, die Du mit unserer Hilfe auch easy selbst zubereiten kannst.

4 Portionen
2 Stunden, 30 Minuten Zubereitung
1 Stunde Ziehzeit

Für die Grundbrühe:
2 EL Sonnenblumenöl
500 g Hähnchenflügel
2 Zwiebeln
50 g Ingwer
7 Knoblauchzehen
2 Stangen Frühlingslauch
4 EL Shiitake-Pilze, getrocknet
3 l Wasser
etwas Kombo, oder Nori-Alge
3 EL Just Spices Gemüsebrühe ohne Zuckerzusatz

Für die Tamago-Eier:
4 Eier
2 Knoblauchzehen
120 ml Sojasoße
75 g Zucker, braun
250 ml Wasser

Zur Fertigstellung:
150 g Ramen-Nudeln
2 Stangen Frühlingslauch
100 g Buchenpilze oder Champignons
8 Scheiben Schweinebauch

Für die Grundbrühe das Sonnenblumenöl in einem großen Topf erhitzen und die Hähnchenflügel bei starker Hitze ca. 10 Minuten anbraten. Die Zwiebeln gründlich waschen und ungeschält halbieren. Den Ingwer schälen und in dünne Scheiben schneiden. Den Knoblauch schälen und mit einem Messerrücken andrücken. Den Frühlingslauch waschen und in grobe Stücke schneiden.
Die Shiitake-Pilze mit den Zwiebeln in den Topf geben und ca. 5 Minuten anbraten. Mit dem Wasser auffüllen und die restlichen Zutaten bis auf die Algen hinzugeben. Die Brühe bei leichter Hitze mindestens 100 Minuten köcheln lassen.

Während der Kochzeit die Trübstoffe, die sich auf der Brühe absetzen, mit einer Schöpfkelle abschöpfen. Etwa 10 Minuten vor Ende der Kochzeit die Algen hinzufügen.

Für die Tamago-Eier die Eier in einem Topf mit Wasser zum Kochen bringen. Die Eier genau 6 Minuten kochen und anschließend mit kaltem Wasser abschrecken. Den Knoblauch und die Eier schälen und mit den restlichen Zutaten in ein hohes Gefäß geben. Mindestens 60 Minuten ziehen lassen.

Die Brühe durch ein Sieb gießen und erwärmen. Die Ramen-Nudeln nach Packungsanleitung kochen. Den Frühlingslauch waschen, putzen und in feine Ringe schneiden. Die Eier mittig halbieren. Die Buchenpilze gleichmäßig abschneiden und putzen. Alle Zutaten in Schüsseln geben, mit der heißen Brühe auffüllen und sofort genießen.

NÄHRWERTE	KALORIEN	KH	DAVON ZUCKER	PROTEINE	FETT	DAVON GF	SALZ
PRO PORTION	643	55	26	51	24	5.3	2.9

Vegane Ramen-Suppe

nach japanischer Art

Eine Abwandlung der klassischen Ramen-Suppe, wie man sie traditionell aus Japan kennt. Deftig im Geschmack und 100 Prozent vegan! Unser Rezept mit würziger Misopaste überzeugt durch eine herzhafte Brühe, feine Ramen-Nudeln, knackiges Gemüse und knusprigen Räuchertofu. Was könnte hier besser passen als unser Asia Bowl Topping?

4 Portionen
1 Stunde, 45 Minuten Zubereitung

Für die Brühe:
1 Chilischote
50 g Ingwer
1 Zwiebel, groß
1 Knoblauchknolle
1 EL Sesamöl
1,5 l Wasser
2 EL Shiitake Pilze, getrocknet
1 Blatt Nori-Alge
2 EL Misopaste, hell
100 ml Hafermilch
1 EL Sojasoße
1 EL Just Spices Gemüsebrühe ohne Zuckerzusatz

Für die Einlage:
200 g Champignons oder frische Shiitake-Pilze
3 Karotten
4 Pak Choi
2 Maiskolben
3 Stangen Frühlingslauch
250 g Räuchertofu
½ EL Sesamöl
400 g Ramen-Nudeln
80 g Sojasprossen
2 TL Just Spices Asia Bowl Topping

Für die Brühe die Chilischote waschen und der Länge nach halbieren. Den Ingwer schälen und grob würfeln. Die Zwiebel und die Knoblauchknolle mit der Schale halbieren. Beides mit der Schnittseite nach unten in einen breiten Topf geben und bei starker Hitze dunkel anbraten. Das Sesamöl hinzugeben und mit dem Wasser und der Gemüsebrühe ohne Zuckerzusatz auffüllen. Ingwer, getrocknete Shiitake-Pilze und die Chilischote hinzufügen, zum Kochen bringen und ca. 60 Minuten köcheln lassen. Nach ca. 50 Minuten die Nori-Alge hinzufügen.

Die Brühe durch ein Sieb abgießen und mit einem Pürierstab die Misopaste einrühren. Die Hafermilch hinzugeben und die Brühe mit der Sojasoße abschmecken. Bis zur weiteren Verwendung warmhalten.

Für die Einlage die Pilze putzen und halbieren. Die Karotten schälen und in dünne Stifte schneiden. Den Pak Choi waschen und halbieren. Den Mais waschen und von den Kolben schneiden. Den Frühlingslauch waschen, putzen und in feine Ringe schneiden. Den Räuchertofu in ca. 0,5 × 0,5 cm große Würfel schneiden.

Das Sesamöl in einer Pfanne erhitzen und den Tofu ca. 1 Minute anbraten. Die Pilze und den Mais hinzugeben und ca. 1 Minute mitbraten. Mit einer Kelle Brühe auffüllen, Pak Choi und Karotten hinzugeben und leicht köcheln lassen.

Die Ramen-Nudeln nach Packungsanleitung zubereiten und auf 4 Schüsseln verteilen. Mit der Brühe auffüllen und mit dem Gemüse und Tofu belegen. Die Sojasprossen und den Frühlingslauch darauf verteilen und mit dem Asia Bowl Topping garniert servieren.

NÄHRWERTE	KALORIEN	KH	DAVON ZUCKER	PROTEINE	FETT	DAVON GF	SALZ
PRO PORTION	661	104	12	32	12	1.8	1.4

GEMÜSEBRÜHE
OHNE
ZUCKERZUSATZ

CURRY
MADRAS

Exotische Curry-Nudelsuppe

mit Süßkartoffel und Reisnudeln

Alle Fans der asiatischen Küche werden unsere exotische Curry-Nudelsuppe lieben! Die Kombination aus Zuckerschoten, Kokosmilch und Süßkartoffel, gepaart mit unserem intensiven Curry ist einfach nur unglaublich lecker. Der goldene Mix ist herrlich exotisch, leicht spicy und die Geheimzutat für Dein Lieblingscurry.

4 Portionen
30 Minuten Zubereitung

1 Süßkartoffel
1 Zwiebel, rot
3 Knoblauchzehen
2 EL Sonnenblumenöl
1 EL Currypaste, rot
2 EL Tomatenmark
2 EL Sojasoße
400 ml Kokosmilch
250 ml Wasser
400 g Reisnudeln
150 g Zuckerschoten
1 Limette, Saft
1 EL Just Spices Curry

Die Süßkartoffel schälen und in ca. 0,5 × 0,5 cm große Würfel schneiden. Die Zwiebel und den Knoblauch schälen und fein würfeln. In einem breiten Topf das Sonnenblumenöl erhitzen und die Süßkartoffel-, Zwiebel- und Knoblauchwürfel bei mittlerer Hitze ca. 5 Minuten anbraten.

Das Curry, die Currypaste und das Tomatenmark hinzugeben und ca. 30 Sekunden mitbraten. Mit der Sojasoße ablöschen, mit Kokosmilch und Wasser auffüllen und zum Kochen bringen. Bei leichter Hitze ca. 15 Minuten köcheln lassen.

In der Zwischenzeit die Reisnudeln nach Packungsanleitung zubereiten und abgießen.

Die Zuckerschoten waschen, beide Enden abschneiden und längs halbieren. Die Zuckerschoten ca. 1 Minute vor Ende der Kochzeit mit in die Suppe geben. Die Limette halbieren und den Saft auspressen. Die Suppe mit dem Limettensaft abschmecken.

Die Suppe auf 4 Schüsseln verteilen und die Reisnudeln darauf platzieren.

NÄHRWERTE	KALORIEN	KH	DAVON ZUCKER	PROTEINE	FETT	DAVON GF	SALZ
PRO PORTION	708	100	8.7	8.6	29	23	0.93

Cremige Nudelsuppe

mit selbstgemachter Geflügelbrühe

Buntes Gemüse, Bandnudeln und saftiges Hähnchenfleisch in einer cremigen Suppe – wenn das mal nicht nach einem richtigen Wohlfühlgericht klingt! Die Suppe wärmt Dich schön von innen und lässt Dein Herz höher schlagen. Mit unserem Hähnchen Gewürz ist für eine besonders schmackhafte Geflügelbrühe gesorgt und Deinem Suppenglück steht absolut nichts mehr im Weg!

6 Portionen
1 Stunde, 30 Minuten Zubereitung

Für die Geflügelbrühe:
1 Zwiebel
1 Knoblauchzehe
4 Hähnchenkeulen
1 EL Sonnenblumenöl
2 l Wasser
2 TL Just Spices Hähnchen Gewürz

Für die Nudelsuppe:
2 Karotten
150 g Zuckerschoten
200 g Erbsen, tiefgekühlt
2 EL Butter
3 EL Mehl
250 g Bandnudeln
150 g Kochsahne
1 Bio-Zitrone, Saft & Abrieb
6 Pr. Salz

Die Zwiebel und den Knoblauch halbieren. Die Hähnchenkeulen mit dem Hähnchen Gewürz würzen. Das Sonnenblumenöl in einem Topf erhitzen und die Hähnchenkeulen bei hoher Hitze ca. 2 Minuten anbraten. Aus dem Topf nehmen und die Zwiebel und den Knoblauch ca. 5 Minuten bei mittlerer Hitze braten.

Das Fleisch und das Wasser hinzugeben und bei leichter Hitze ca. 45 Minuten köcheln lassen. Die Keulen herausnehmen und in mundgerechte Stücke zupfen. Die Brühe durch ein Sieb gießen und warmhalten.

Die Karotten schälen, längs halbieren und in dünne Scheiben schneiden. Die Zuckerschoten waschen und die Enden abschneiden. In einem Topf Salzwasser zum Kochen bringen und die Karotten ca. 2 Minuten kochen. Die Zuckerschoten und Erbsen hinzugeben und 30 Sekunden köcheln lassen. Das Gemüse abgießen und kalt abschrecken.

Die Butter in einem Topf erhitzen und unter Rühren das Mehl hinzufügen und ca. 30 Sekunden erhitzen. Die Brühe hinzugeben und unter Rühren zum Kochen bringen. Die Nudeln hinzugeben und nach Packungsanleitung al dente kochen. Dann das Gemüse, Fleisch, die Kochsahne und das Salz hinzufügen.

Die Zitrone waschen, trocknen und die Schale abreiben. Die Zitrone halbieren und den Saft auspressen. Zitronenabrieb und -saft zur Suppe geben.

NÄHRWERTE	KALORIEN	KH	DAVON ZUCKER	PROTEINE	FETT	DAVON GF	SALZ
PRO PORTION	597	44	5.5	36	30	10	1.2

HÄHNCHEN
GEWÜRZ

Klassische Nudelsuppe

mit buntem Gemüse

Nichts wärmt Körper und Seele besser als eine selbst gekochte Nudelsuppe mit ganz viel Gemüse. Perfekt für die kalte Jahreszeit, schmeckt aber natürlich das ganze Jahr über hervorragend. Das kunterbunte Gemüse kommt in Verbindung mit unserer Gemüsebrühe ganz groß raus! Wir verzichten hier bewusst auf zugesetzten Zucker und nutzen ausschließlich natürliche Inhaltsstoffe, denn mehr braucht es für einen unvergleichlichen Genuss auch nicht.

4 Portionen
20 Minuten Zubereitung

2 Karotten
1 Stange Lauch
1 EL Sonnenblumenöl
1,5 l Wasser
350 g Fadennudeln
150 g Erbsen, tiefgekühlt
2 TL Salz
1,5 EL Just Spices Gemüsebrühe ohne Zuckerzusatz

Die Karotten schälen, in lange dünne Scheiben und anschließend in feine Stifte schneiden. Den Lauch waschen, putzen und ebenfalls in feine Stifte schneiden.

Das Sonnenblumenöl in einem Topf erhitzen und die Karotten- und Lauchstifte ca. 2 Minuten anbraten. Mit dem Wasser auffüllen und zum Kochen bringen. Die Gemüsebrühe ohne Zuckerzusatz und das Salz hinzufügen und ca. 10 Minuten köcheln lassen.

In der Zwischenzeit in einem Topf reichlich Salzwasser zum Kochen bringen und die Fadennudeln nach Packungsanleitung al dente kochen. 2 Minuten vor Ende der Kochzeit die Erbsen hinzugeben und abgießen. Die Nudeln mit den Erbsen zur Suppe geben, gründlich vermengen und servieren.

NÄHRWERTE	KALORIEN	KH	DAVON ZUCKER	PROTEINE	FETT	DAVON GF	SALZ
PRO PORTION	386	72	5.2	14	3.9	0.5	2.6

Schnelle mediterrane Gemüsesuppe

mit Hörnchennudeln

Was gibt es Schöneres, als sich in der kalten Jahreszeit mit einer leckeren Suppe aufzuwärmen? Mit unserer mediterranen Gemüsesuppe musst Du dabei nicht einmal auf Deine geliebten Nudeln verzichten! Zusammen mit einer Variation an Gemüse und den passenden Gewürzen erhältst Du im Handumdrehen eine wohltuende Suppe, die nicht nur Deinen Körper, sondern auch Dein Herz erwärmt.

4 Portionen
25 Minuten Zubereitung

800 ml Wasser, warm
2 Paprika, rot
1 Zucchini
3 Karotten
2 EL Olivenöl
1 Dose stückige Tomaten, à 400 g
150 g Hörnchennudeln
1 TL Just Spices Gemüsebrühe ohne Zuckerzusatz
4 Pr. Just Spices Mediterraner Gemüse Allrounder

Die Gemüsebrühe ohne Zuckerzusatz mit dem Wasser vermengen und ca. 5 Minuten ziehen lassen. Anschließend durch ein Sieb gießen und die Brühe auffangen.

In der Zwischenzeit die Paprika waschen, halbieren, das Kerngehäuse entfernen und in mundgerechte Würfel schneiden. Die Zucchini ebenfalls waschen, beide Enden abschneiden, vierteln und entkernen, der Länge nach halbieren und in ca. 1 × 1 cm große Würfel schneiden. Die Karotten schälen, längs halbieren und in ca. 0,2 cm breite Scheiben schneiden.

Das Olivenöl in einem Topf erhitzen und das Gemüse ca. 2 Minuten bei mittlerer Hitze braten. Mit dem Mediterranen Gemüse Allrounder würzen und mit der Brühe und den stückigen Tomaten auffüllen. Zum Kochen bringen und die Nudeln hinzufügen. Die Suppe ca. 10 Minuten köcheln lassen, bis die Nudeln al dente sind.

NÄHRWERTE	KALORIEN	KH	DAVON ZUCKER	PROTEINE	FETT	DAVON GF	SALZ
PRO PORTION	237	36	9.3	8.2	6.1	0.9	0.32

Tipp: Dazu passt super ein frisches Baguette.

MEDITERRANER GEMÜSE ALLROUNDER
GEMÜSEBRÜHE OHNE ZUCKERZUSATZ

TOMATEN
MOZZARELLA
GEWÜRZ

Schnelle Tomatensuppe

mit Käse-Tortellini

Mit diesem schnellen Rezept zauberst Du Dir in nur 20 Minuten eine fruchtige Tomatensuppe, in der feinste Tortellini mit Käsefüllung ihren Platz finden. Die Sahne sorgt für eine herrliche Cremigkeit und unser Tomaten Mozzarella Gewürz macht sich nicht nur zu Antipasti hervorragend, sondern versorgt auch Deine Suppe mit den leckersten Aromen!

4 Portionen
20 Minuten Zubereitung

400 g Käse-Tortellini, Kühlregal
1 Zwiebel
4 Knoblauchzehen
1 EL Olivenöl
600 g passierte Tomaten
200 ml Wasser
250 g Kochsahne
1 EL Just Spices Tomaten Mozzarella Gewürz

Die Tortellini nach Packungsanleitung zubereiten, abgießen und mit kaltem Wasser abschrecken.

Die Zwiebel und den Knoblauch schälen und fein würfeln. Das Olivenöl in einem großen Topf erhitzen und die Knoblauch- und Zwiebelwürfel bei mittlerer Hitze ca. 3 Minuten glasig anschwitzen. Mit den passierten Tomaten, Wasser und Kochsahne aufgießen, das Tomaten Mozzarella Gewürz hinzugeben und ca. 3 Minuten köcheln lassen.

Die Tortellini unterrühren und servieren.

NÄHRWERTE	KALORIEN	KH	DAVON ZUCKER	PROTEINE	FETT	DAVON GF	SALZ
PRO PORTION	378	31	9.4	23	18	7.5	2

Tipp: Wer mag, kann die Suppe mit frisch geriebenem Parmesan verfeinern.

Cremige Parmesansuppe

mit gebratenen Nudeln

Zu viel Parmesan? Gibt's nicht! Unsere cremige Suppe ist die perfekte Lösung für alle, die auch nie genug Parmesan auf ihrer Pasta haben können. Das kräftige Aroma kommt hier in der Kombination mit unserem Kartoffel Allrounder besonders gut zur Geltung! Übrigens: die Reifezeit von Parmesan beträgt mindestens 1 Jahr – je älter der Käse ist, desto intensiver wird der Geschmack.

8

4 Portionen
30 Minuten Zubereitung

200 g kurze Nudeln, nach Wahl
150 g Kirschtomaten
1 Zwiebel
3 EL Olivenöl
3 EL Mehl
700 ml Gemüsebrühe
250 g Kochsahne
250 g Parmesan, frisch gerieben
1 TL Just Spices Kartoffel Allrounder

In einem Topf reichlich Salzwasser zum Kochen bringen und die Nudeln nach Packungsanleitung al dente kochen, abgießen, mit kaltem Wasser abschrecken und beiseitestellen.

Die Tomaten waschen und halbieren. Die Zwiebel schälen und fein würfeln. 2 EL Olivenöl in einem Topf erhitzen und die Zwiebelwürfel ca. 3 Minuten glasig anschwitzen. Das Mehl hinzugeben und gut verrühren. Mit der Gemüsebrühe und der Kochsahne aufgießen. ½ TL Kartoffel Allrounder hinzugeben und ca. 10 Minuten köcheln lassen. Dabei gelegentlich umrühren.

Währenddessen 1 EL Olivenöl in einer beschichteten Pfanne erhitzen und die Tomaten bei mittlerer Hitze ca. 1 Minute braten. Die Nudeln hinzugeben und weitere 3 Minuten braten. Anschließend den restlichen Kartoffel Allrounder hinzufügen und gründlich unterrühren.

Eine weitere Pfanne aufheizen und 50 g Parmesan in der Pfanne verteilen. Nach 1 Minute bei starker Hitze den geschmolzenen Parmesan mit einem Pfannenwender vorsichtig umdrehen, eine weitere Minute braten, aus der Pfanne nehmen und auf einem Teller auskühlen lassen.

Den restlichen Parmesan zur Suppe geben und einrühren. Die gebratenen Tomaten und die Pasta auf 4 Schüsseln verteilen und die Suppe darübergießen. Den Parmesanchip grob zerbröseln und damit die Suppe garnieren.

NÄHRWERTE	KALORIEN	KH	DAVON ZUCKER	PROTEINE	FETT	DAVON GF	SALZ
PRO PORTION	632	46	4.9	29	37	20	3

LOW-CARB-NUDELN –

LEICHT & LECKER

Eine heiße, spicy Portion Nudeln mit wenig Kalorien? Ein voller Teller verführerischer Pasta ohne anschließendes Food-Baby? Absolut machbar in der Welt der Nudeln. Bevor Du glaubst, unsere kulinarische Fantasie geht langsam mit uns durch, verraten wir Dir lieber schnell den magischen Begriff, der Deinem perfekten Pastaglück eine Prise Leichtigkeit verleiht: Low-Carb-Nudeln!

WAS IST LOW-CARB?

Falls Dir der Begriff Low-Carb nichts sagt: Hier kommt eine ganz kurze Erklärung.

Low-Carb ist eine verkürzte Kombination der englischen Begriffe „low carbohydrates" und bedeutet übersetzt „niedrige/wenig Kohlenhydrate". Gemeint ist damit, dass der Gesamtanteil kohlenhydrathaltiger Lebensmittel in der Ernährung stark reduziert wird.

Warum? Kohlenhydrate sind (Mehrfach-)Zuckerverbindungen, die sich im Körper bei vermehrter Aufnahme in einfachen Zucker und letzten Endes in Fett umwandeln können. Reduziert man die Kohlenhydrate in der Ernährung, wird der Körper animiert, seine Fettreserven abzubauen. Kurzum: Low-Carb kann durchaus dabei helfen, langfristig Körperfett und Gewicht zu verlieren. Außerdem enthalten kohlenhydratarme Speisen häufig viele Ballaststoffe und können dadurch für ein längeres Sättigungsgefühl sorgen.

FRISCHER WIND FÜR DEINE PASTA-KREATIONEN

Aber keine Sorge: Du weißt hoffentlich, dass wir durch und durch Genießer sind und niemals unsere geliebte traditionelle Pasta vom Speiseplan streichen würden. Nudeln sind aus unserer Sicht absolut grandios und eines der vielseitigsten Lebensmittel überhaupt. Was Low-Carb-Nudeln aus unserer Sicht aber spannend macht, ist die Tatsache, dass Du spielend leicht etwas mehr Abwechslung in Deine Ernährung bringen kannst. Mit ein paar Alternativen, leichten Mahlzeiten und gemüsereichen Speisen tust Du Dir selbst etwas Gutes und erweiterst ganz von allein Deinen kulinarischen Horizont.

KLINGT NICHT SCHLECHT, ODER?

Hier ein paar Vorteile der Low-Carb-Nudeln im Überblick:

1. Leichtere Mahlzeiten mit weniger Völlegefühl
2. Neue Kombinationen und Aromen
3. Kulinarische Abwechslung
4. Viele Ballaststoffe für längeres Sättigungsgefühl

Ganz wichtig: Wenn eine komplette Ernährung nach dem Prinzip Low-Carb für Dich infrage kommt, scanne zunächst einmal diesen **QR-Code.** Hier gelangst Du zu unserem ausführlichen Blogartikel zur kohlenhydratarmen Ernährung, erfährst alle damit verbundenen Vorteile und Herausforderungen und kriegst ein paar wichtige Tipps, die Du bei der Umsetzung unbedingt beachten solltest.

JETZT SCANNEN UND ENTDECKEN:

NUDELN OHNE KOHLENHYDRATE – GEHT DAS ÜBERHAUPT?

Fragst Du Dich gerade, warum wir ausgerechnet in unserem Nudel-Kochbuch das Kapitel Low-Carb aufschlagen müssen? Weil wir unsere heiß geliebte Pasta supereasy kohlenhydratarm kochen können. Natürlich musst Du dafür ein paar Dinge beachten, aber dafür sind wir ja hier.

Um es vorwegzunehmen: Natürlich werden die Pasta-Klassiker aus Hartweizengrieß und leckere Bandnudeln aus Weizenmehl und Ei in diesem Kapitel kurz pausieren. Dafür gehört die Bühne jetzt ein paar Seiten lang ihren etwas leichteren Freunden aus Gemüse.

DREI LEICHTE NUDEL-ALTERNATIVEN

Auch wenn sich die alternativen Produkte erst einmal ungewöhnlich anhören, Du solltest ihnen eine Chance geben. Viele leichte Nudel-Varianten haben für wahre Hypes gesorgt und schmecken auch nicht mehr wie die allerersten (gewöhnungsbedürftigen) Alternativprodukte auf dem Markt.

#1 Nudeln aus Hülsenfrüchten: (Kicher-)Erbsen, Bohnen, Linsen & Co. bieten eine hervorragende Basis für Pasta. Das fertige Produkt schmeckt je nach Hauptzutat etwas nussiger und hat einen höheren Eiweißgehalt als herkömmliche Nudeln. Toller Nebeneffekt: Nudeln aus Hülsenfrüchten sind in aller Regel glutenfrei und sehr ballaststoffreich. Die Garzeit ist meist ein wenig kürzer als bei Pasta aus Hartweizengrieß.

#2 Konjak-Nudeln (auch Shirataki-Nudeln): Nudeln aus dem Mehl der Konjakwurzel entstammen traditionell der japanischen Küche und haben kaum Kalorien und Kohlenhydrate. Auch ihr Geschmack ist recht zurückhaltend, sodass sie sich hervorragend für würzige Soßen mit asiatischem Twist und viel Gemüse oder Fleisch eignen. Konjak-Nudeln werden häufig vorgekocht und feucht verpackt angeboten, aber auch in trockener Form beträgt die Garzeit nur etwa 2–3 Minuten.

#3 Gemüse-Nudeln (Zoodles & Co.): Mit einem Sparschäler oder einem Spiralschneider kannst Du Dir ganz leicht Deine Nudel-Alternative selbst herstellen. Einfach ein paar Möhren, Zucchini oder etwas Rote Bete kaufen und in lange, dünne Streifen schälen, kurz in Brühe dünsten und mit einer Soße Deiner Wahl verfeinern. Geht superschnell und schmeckt köstlich!

Unser Tipp für schnelle Zoodles: Mit unserem wunderbaren Zucchini Gewürzmix kannst Du Dir blitzschnell köstliche Zucchini-Nudeln zaubern. Einfach etwas Olivenöl in einer Pfanne erhitzen, 2–3 Prisen Zucchini Gewürzmix einrühren, die rohen Zoodles hinzugeben und servieren. Durch die Hitze des Öls werden die mediterranen, kräutrigen Noten unseres Zucchini Gewürzmixes verstärkt und können sich ganz leicht mit der Zucchini verbinden. Etwas Parmesan on top rundet Deine frischen Blitz-Zoodles perfekt ab.

KREATIV & FLEXIBEL KOCHEN

Wenn Du mal eine besonders leichte Mahlzeit zaubern möchtest, aber gerade nur Deine Lieblingspasta aus Weizen zuhause hast, kannst Du auch versuchen, den Anteil Deiner Gemüsebeilage im Gericht zu erhöhen. Heißt konkret: Schnibble einfach eine Zucchini, eine Paprika oder einen Brokkoli mehr und halte Deine Menge an Pasta kleiner. So machst Du Deine finale Portion auch ein wenig leichter, ohne Deine Nudeln austauschen zu müssen.

Unterm Strich ist also alles wie immer: Es geht bei einer (aus unserer Sicht) guten Ernährung immer um Kreativität und Abwechslung. Ein entspannter Mittelweg aus leichten Low-Carb-Nudeln und klassischer Pasta ist mit Sicherheit ein toller Anfang. Probier Dich am besten einfach ein wenig aus und entscheide selbst, was Dir in welchem Ausmaß guttut.

Wo wir schon beim Thema sind ... Wir könnten uns vorstellen, dass Dir die folgenden Rezepte ein kleines Lächeln ins Gesicht und ein wohliges Gefühl in den Bauch zaubern werden. Ja, genau dorthin, wo jetzt Dein Hunger sitzt. Bist Du bereit?

WAHR ODER FALSCH?

1. ÖL IM NUDELWASSER

Ein guter Schuss Öl verhindert das Zusammenkleben von Nudeln? Tatsächlich nicht! Wenn Deine Nudeln verklebt sind, liegt das an zu wenig Wasser im Topf oder einem zu kleinen Kochgefäß.

2. NUDELN ABSCHRECKEN

Nudeln kleben nicht zusammen, wenn man sie nach dem Kochen kalt abbraust? Falsch! Deine Pasta wird so nur schnell kalt und kann sich nicht mehr vernünftig mit der Soße verbinden.

Cremige Zoodles

mit Feta und Pinienkernen

Alle Low-Carb-Fans aufgepasst! Wir präsentieren: Zoodles – die perfekte Mischung aus Zucchini und Nudeln. Was Du dafür brauchst? Nicht einmal unbedingt den Spiralschneider, der Sparschäler tut's genauso! Mit diesem verwandelst Du die Zucchini in kürzester Zeit in lange, grüne Nudeln, die als hervorragender Ersatz für die klassische Pasta dienen. Auf diese Weise sparst Du dir jede Menge Kohlenhydrate bei 100 Prozent Geschmack!

4 Portionen
20 Minuten Zubereitung

Für die Gemüsebrühe:
250 ml Wasser, warm
2 TL Just Spices Gemüsebrühe ohne Zuckerzusatz

Für die Zoodles:
75 g Pinienkerne
3 Zucchini
1 Zwiebel, rot
1 Bund Basilikum
2 EL Olivenöl
2 EL Tomatenmark
125 g Frischkäse, natur
250 g Feta
8 Pr. Just Spices Zucchini Gewürzmix

Für die Brühe die Gemüsebrühe ohne Zuckerzusatz mit dem Wasser verrühren und bis zur weiteren Verwendung ziehen lassen.

Die Pinienkerne in einer beschichteten Pfanne goldbraun anrösten, dabei gelegentlich umrühren, damit die Kerne nicht verbrennen. Anschließend aus der Pfanne nehmen und beiseitestellen.

Die Zucchini waschen und beide Enden abschneiden. Die Zucchini mit einem Sparschäler oder einem Spiralschneider in Streifen schneiden. Anschließend die Zwiebel schälen, halbieren und fein würfeln. Das Basilikum waschen, trocken tupfen, abzupfen und ebenfalls fein schneiden.

In einer Pfanne das Olivenöl erhitzen und die Zwiebelwürfel ca. 3 Minuten anbraten. Das Tomatenmark hinzugeben und ca. 1 Minute mitbraten. Mit der Gemüsebrühe ablöschen, aufkochen lassen und den Frischkäse einrühren. Die Zucchini in die Pfanne geben und mit dem Zucchini Gewürzmix abschmecken. Alles gut vermengen und ca. 2 Minuten bei mittlerer Hitze cremig einköcheln lassen.

Die Zoodles auf 4 Teller verteilen und mit den Pinienkernen und dem Basilikum garnieren. Den Feta zerbröseln und darüberstreuen.

NÄHRWERTE	KALORIEN	KH	DAVON ZUCKER	PROTEINE	FETT	DAVON GF	SALZ
PRO PORTION	425	8.3	6.3	21	34	15	2.3

Baked Feta

mit Zucchini-Nudeln

An dem Trend der beliebten Feta-Pasta kommt kaum jemand vorbei – wir interpretieren die klassische Version neu und ersetzen die Nudeln einfach durch Zoodles! Eine kleine Änderung, die geschmacklich kaum einen Unterschied macht, aber mit weitaus weniger Kohlenhydraten daherkommt. Eins steht jedoch fest: Beide Versionen sind unfassbar lecker – also teste es aus und finde Deinen persönlichen Favoriten!

4 Portionen
10 Minuten Zubereitung
35 Minuten Backzeit

300 g Kirschtomaten
400 g Feta
100 g Oliven, gemischt
1 EL Olivenöl
3 Zucchini
1 EL Just Spices Feta Gewürz

Den Backofen auf 200 °C (Ober-/Unterhitze) vorheizen.

Die Tomaten waschen und halbieren. Den Feta mittig in einer Auflaufform platzieren und die Tomaten und Oliven um den Käse herum verteilen.
Mit dem Feta Gewürz bestreuen und das Olivenöl darüberträufeln. Die Form ca. 35 Minuten in den Ofen geben.

Währenddessen die Zucchini waschen, beide Enden abschneiden und mit einem Spiralschneider zu Zoodles verarbeiten. Nach ca. 25 Minuten Backzeit die Zucchini-Nudeln mit in die Form geben und weitere 10 Minuten backen.

Die Form aus dem Ofen nehmen und alles gründlich miteinander vermengen und servieren.

NÄHRWERTE	KALORIEN	KH	DAVON ZUCKER	PROTEINE	FETT	DAVON GF	SALZ
PRO PORTION	366	8	7	21	27	17	2.5

Vegetarische Basilikum-Zoodles

mit gebackenem Ricotta

Grüner wird's nicht mehr! Zoodles eignen sich als hervorragende Alternative zu den klassischen Spaghetti und harmonieren nicht nur farblich, sondern auch geschmacklich optimal mit der aromatischen Basilikumsoße. Neben cremigem Ricotta darf auch unser Feta Gewürz hier nicht fehlen – einfach ein Must-Have für alle Käse-Fans! Die Kürbiskerne on top sorgen abschließend noch für den ganz besonderen Crunch-Faktor.

4 Portionen
30 Minuten Zubereitung
10 Minuten Backzeit

Für die Zoodles:
250 g Ricotta
3 Zucchini
4 TL Kürbiskerne
1 TL Just Spices Feta Gewürz

Für die Basilikumsoße:
4 Bund Basilikum
50 g Kürbiskerne
2 EL Olivenöl
1 EL Kürbiskernöl
1 TL Just Spices Feta Gewürz

Den Backofen auf 200 °C (Ober-/Unterhitze) vorheizen.

Den Ricotta mit dem Feta Gewürz vermengen. Auf einem mit Backpapier ausgelegten Backblech kleine Ricottahäufchen platzieren und ca. 10 Minuten in den Backofen geben.

Für die Basilikumsoße das Basilikum waschen, trocken tupfen, abzupfen und fein schneiden. Die Kürbiskerne fein hacken und in einer Pfanne ohne Fett ca. 2 Minuten anrösten. Mit dem Oliven- und Kürbiskernöl auffüllen und das Basilikum hinzufügen. Bei leichter Hitze ca. 2 Minuten ziehen lassen.

Die Zucchini waschen, beide Enden abschneiden und mit einem Spiralschneider in lange Zoodles schneiden. Die Zoodles mit in die Pfanne geben, gründlich vermengen und ca. 2 Minuten bei mittlerer Hitze braten. Mit dem Feta Gewürz abschmecken, auf Tellern anrichten und mit dem gebackenen Ricotta und den restlichen Kürbiskernen garnieren.

NÄHRWERTE	KALORIEN	KH	DAVON ZUCKER	PROTEINE	FETT	DAVON GF	SALZ
PRO PORTION	328	10	9.3	17	24	8	0.33

Tipp: Nach Belieben mit etwas Zitronensaft verfeinern.

Fruchtige Zoodles

mit Garnelen und Avocadosoße

Du kannst gar nicht genug von Avocados bekommen? Super, wir auch nicht! Deshalb gibt's den grünen Superstar hier nicht nur in gewürfelter Form mit Deinen Zoodles, sondern er ist auch Hauptbestandteil der cremigen Soße. Die süße Mango sorgt für eine exotische Note und passt hervorragend zu den gebratenen Garnelen. Unser Zucchini Gewürzmix verleiht Deinen grünen Spaghetti zum Schluss noch die optimale Würze.

4 Portionen
25 Minuten Zubereitung

Für die Avocadosoße:
1 Avocado
100 g junger Blattspinat
½ EL Olivenöl
100 ml Wasser
2 Limetten, Saft
1 TL Just Spices Zucchini Gewürzmix

Für die Zoodles:
1 Mango
1 Avocado
1 EL Olivenöl
3 Zucchini
500 g Garnelen, aufgetaut
1 TL Just Spices Zucchini Gewürzmix

Für die Avocadosoße die Avocado längs halbieren, den Kern entfernen und das Fruchtfleisch mit einem Löffel herausnehmen. Die Avocado grob würfeln. Den Spinat waschen und trocken schleudern. Zusammen mit den Avocadowürfeln, dem Olivenöl und Wasser in ein hohes Gefäß geben und mit einem Pürierstab fein mixen. Die Limetten halbieren, den Saft auspressen und mit dem Zucchini Gewürzmix zur Avocadosoße geben. Bis zur weiteren Verwendung beiseitestellen.

Die Mango schälen und in ca. 0,5 × 0,5 cm große Würfel schneiden. Die Avocado längs halbieren, den Kern entfernen und das Fruchtfleisch mit einem Löffel herausnehmen. Die Avocado ebenfalls in ca. 0,5 × 0,5 cm große Würfel schneiden. Die Mango- und Avocadowürfel mit 0,5 EL Olivenöl und dem Zucchini Gewürzmix vermengen.

Die Zucchini waschen, beide Enden abschneiden und mit einem Spiralschneider in lange Zoodles schneiden.

Für die Garnelen das restliche Olivenöl in einer Pfanne erhitzen und die Garnelen bei mittlerer Hitze ca. 4 Minuten anbraten, aus der Pfanne nehmen und im Backofen bei 50 °C (Ober-/Unterhitze) warmhalten. Die Zoodles in die Pfanne geben und ca. 2 Minuten braten. Die Avocadosoße hinzugeben und gründlich vermengen.

Die Zoodles zusammen mit den Garnelen und dem Mango-Avocado-Salat garnieren.

NÄHRWERTE	KALORIEN	KH	DAVON ZUCKER	PROTEINE	FETT	DAVON GF	SALZ
PRO PORTION	354	20	19	29	16	3.3	0.89

Zucchini-Cannelloni

mit herzhafter Hackfleischfüllung

Wir zeigen Dir, wie vielseitig Zucchini wirklich sein können! Gefüllt mit einer leckeren Hackfleischfüllung machen sie auch als Cannelloni eine richtig gute Figur. Unser Zucchini Gewürzmix versorgt den Alleskönner abschließend noch mit den perfekt abgestimmten Aromen, um das Beste aus Deinem grünen Gemüse herauszuholen!

4 Portionen
35 Minuten Zubereitung
35 Minuten Backzeit

Für die Hackfleischfüllung:
100 g Pancetta
1 Zwiebel, rot
4 Knoblauchzehen
2 Rispentomaten
400 g Hackfleisch, Rind
2 EL Paniermehl
1 EL Just Spices Zucchini Gewürzmix

Für die Cannelloni:
1 kg Zucchini
2 EL Olivenöl
4 Pr. Salz

Für die Tomatensoße:
1 Zwiebel, rot
1 EL Olivenöl
500 g passierte Tomaten
100 g Parmesan
4 Pr. Salz
1 TL Just Spices Zucchini Gewürzmix

Für die Füllung die Pancetta fein würfeln und in einer beschichteten Pfanne ohne Fett ca. 4 Minuten knusprig ausbacken. Anschließend in eine Schüssel geben. Das verbleibende Fett in der Pfanne lassen. Die Zwiebel und den Knoblauch schälen und fein würfeln. Die Tomaten waschen und ebenfalls fein würfeln. Alles mit dem Hackfleisch verkneten, das Paniermehl unterheben und mit dem Zucchini Gewürzmix würzen.

Die Zucchini waschen, beide Enden abschneiden und mit einem Gemüsehobel in lange Scheiben schneiden. Jeweils ½ EL der Hackfleischfüllung auf die Zucchinischeiben geben und einrollen. Die restliche Zucchini ggf. fein würfeln.

Das Olivenöl in der Pancettapfanne erhitzen und die Cannelloni von beiden Seiten ca. 3 Minuten bei mittlerer Hitze anbraten. Mit dem Salz würzen und in eine Auflaufform legen.

Den Backofen auf 180 °C (Ober-/Unterhitze) vorheizen.

Für die Tomatensoße die Zwiebel schälen, halbieren und fein würfeln. Das Olivenöl in einem Topf erhitzen und die Zwiebel- und die übrigen Zucchiniwürfel bei mittlerer Hitze ca. 4 Minuten anbraten. Mit den passierten Tomaten ablöschen, zum Kochen bringen und mit dem Zucchini Gewürzmix und dem Salz abschmecken. Die Soße ca. 5 Minuten kochen lassen und über die Zucchini-Cannelloni gießen. Den Parmesan reiben, die Cannelloni damit bestreuen und die Form ca. 35 Minuten in den Ofen geben.

NÄHRWERTE	KALORIEN	KH	DAVON ZUCKER	PROTEINE	FETT	DAVON GF	SALZ
PRO PORTION	576	18	12	41	38	16	1.8

Zucchini-Lasagne

mit feiner Ricotta-Käsecreme

Diese Low-Carb-Lasagne hat es in sich! Zucchinischeiben eignen sich super als Ersatz für Lasagneplatten und nehmen den Geschmack der herzhaften Hackfleischsoße und schmackhaften Ricotta-Käsecreme optimal auf. Unser Gewürzmix verleiht Deiner Zucchini-Lasagne nicht nur eine leicht süßliche Note und feine Schärfe, sondern sorgt auch für den typisch italienischen Touch.

4 Portionen
1 Stunde Zubereitung
40 Minuten Backzeit

Für die Zucchini:
1 kg Zucchini
1 EL Olivenöl

Für die Hackfleischsoße:
2 Zwiebeln
4 Knoblauchzehen
1 Karotte
3 Rispentomaten
1 EL Olivenöl
350 g Hackfleisch, Rind
2 EL Tomatenmark
100 ml Rotwein
250 g passierte Tomaten
400 ml Rinderfond
1 EL Just Spices Lasagne Gewürzmix

Für die Ricottacreme:
50 g Parmesan
250 g Ricotta
4 Pr. Salz
3 Pr. Pfeffer, frisch gemahlen
150 g Mozzarella, gerieben

Die Zucchini waschen, beide Enden abschneiden und in ca. 0,5 cm dicke Scheiben schneiden. Das Olivenöl in einer Pfanne erhitzen und die Zucchini ca. 2 Minuten von jeder Seite anbraten. Anschließend herausnehmen und beiseitestellen. Für die Soße die Zwiebeln und den Knoblauch schälen und fein würfeln. Die Karotte schälen und in ca. 0,5 × 0,5 cm große Würfel schneiden. Die Tomaten waschen und in ca. 1 × 1 cm große Würfel schneiden.

Das Olivenöl in der Pfanne erhitzen und das Hackfleisch ca. 2 Minuten bei starker Hitze anbraten. Die Zwiebel-, Knoblauch- und Karottenwürfel hinzugeben und 1 Minute braten. Das Tomatenmark hinzugeben, unterrühren und mit dem Rotwein ablöschen. Die Tomaten, passierten Tomaten, den Rinderfond und den Lasagne Gewürzmix hinzugeben und bei mittlerer Hitze ca. 40 Minuten köcheln lassen.

Den Backofen auf 200 °C (Ober-/Unterhitze) vorheizen. Für die Ricottacreme den Parmesan reiben und mit dem Ricotta, Salz und Pfeffer vermengen. In einer Auflaufform 1 EL der Ricotta-Käsecreme auf dem Boden verteilen, dann nacheinander Zucchinischeiben, Hackfleischsoße und Ricotta-Käsecreme schichten. Abschließend mit dem Mozzarella bestreuen und ca. 40 Minuten backen.

NÄHRWERTE	KALORIEN	KH	DAVON ZUCKER	PROTEINE	FETT	DAVON GF	SALZ
PRO PORTION	652	17	14	40	45	20	1.5

Tipp: Für eine Variante ohne Rotwein empfehlen wir Dir, stattdessen 2 EL dunklen Balsamicoessig zu verwenden.

Low-Carb-Gemüsenudeln

mit leckerer Bolognese

Die klassische Bolognese schmeckt nicht nur zu Pasta, sondern passt auch zu unseren bunten Gemüsenudeln hervorragend. Das perfekte Rezept für alle Low-Carb-Fans, die nicht auf ihre heißgeliebte Bolo verzichten wollen! Entscheide Dich einfach für Dein liebstes Gemüse, pack Dir unser Bolognese Gewürz und schon kann geschmacklich absolut nichts mehr schiefgehen!

4 Portionen
40 Minuten Zubereitung

Für die Bolognesesoße:
1 Zwiebel
3 Knoblauchzehen
1 Karotte
150 g Pancetta
1 EL Olivenöl
350 g Hackfleisch, Rind
1 EL Tomatenmark
1 EL Sojasoße
1 EL Balsamicoessig, dunkel
1 Dose geschälte Tomaten, à 400 g
150 ml Wasser
2 TL Salz
1 EL Just Spices Bolognese Gewürz

Für die Gemüsenudeln:
1 Kugel Rote Bete
1 Süßkartoffel
2 Zucchini

Für die Bolognesesoße die Zwiebel, den Knoblauch und die Karotte schälen und fein würfeln. Die Pancetta in ca. 0,5 cm breite Scheiben und anschließend in ca. 0,5 cm breite Streifen schneiden.

Die Pancetta mit dem Olivenöl in eine Pfanne geben und ca. 4 Minuten bei mittlerer Hitze auslassen. Das Gemüse hinzugeben und weitere 2 Minuten braten. Das Hackfleisch mit in die Pfanne geben und bei starker Hitze ca. 3 Minuten anbraten, bis es braun und krümelig ist. Das Tomatenmark einrühren und mit der Sojasoße und dem Balsamicoessig ablöschen.
Die geschälten Tomaten und das Wasser hinzufügen und zum Kochen bringen. Die Soße mit dem Salz und dem Bolognese Gewürz abschmecken und ca. 25 Minuten köcheln lassen.

In der Zwischenzeit für die Gemüsenudeln die Rote Bete und die Süßkartoffel schälen und mit einem Spiralschneider zu spaghettiartigen Spiralen schneiden. Die Zucchini waschen, beide Enden abschneiden und ebenfalls mit dem Spiralschneider zu spaghettiartigen Spiralen schneiden.

Die Süßkartoffeln in kochendem Salzwasser ca. 30 Sekunden bissfest garen und abschrecken. Anschließend die Rote Bete ebenfalls ca. 30 Sekunden bissfest garen. Zusammen mit den Zucchini zur Bolognesesoße geben, gründlich vermengen und weitere 2 Minuten köcheln lassen.

NÄHRWERTE	KALORIEN	KH	DAVON ZUCKER	PROTEINE	FETT	DAVON GF	SALZ
PRO PORTION	482	29	18	31	27	11	2.4

Schnelle Gemüse-Tagliatelle

mit Pilzen und Tofu

Tofu-Liebhaber aufgepasst: mit dieser Low-Carb-Tagliatelle setzt Ihr den eiweißreichen Alleskönner besonders gut in Szene. Zusammen mit Pastinaken, der Pilzvariation und grünen Erbsen bleiben mit Sicherheit keine Wünsche mehr offen. Unser Knoblauchpfeffer sorgt abschließend noch für den letzten Kick und holt das Beste aus Deinem Tofu heraus!

4 Portionen
40 Minuten Zubereitung

Für die Tofusoße:
200 g Tofu
200 ml Wasser, heiß
2 TL Just Spices Knoblauchpfeffer

Für die Gemüse-Tagliatelle:
6 Pastinaken, groß
250 g Champignons
200 g Austernpilze
200 g Tofu
3 Knoblauchzehen
1 Zwiebel
2 EL Olivenöl
1 EL Sojasoße
150 g Erbsen, tiefgekühlt
4 Pr. Salz

Für die Tofusoße den Tofu zusammen mit dem heißen Wasser in ein hohes Gefäß geben und mit einem Pürierstab fein mixen. Mit dem Knoblauchpfeffer würzen.

Die Pastinaken schälen und mit einem Sparschäler lange, breite Bahnen abschälen, die Tagliatelle ähneln. In einem Topf Salzwasser zum Kochen bringen und die Pastinaken ca. 1 Minute blanchieren, abschütten und mit kaltem Wasser abschrecken.

Die Pilze putzen und in grobe Stücke schneiden. Den Tofu in ca. 0,5 × 0,5 cm große Würfel schneiden. Den Knoblauch und die Zwiebel schälen und fein würfeln.

Das Olivenöl in einer Pfanne erhitzen und die Pilze mit den Knoblauch- und Zwiebelwürfeln ca. 5 Minuten anbraten. Die Tofuwürfel hinzugeben und weitere 2 Minuten braten. Mit der Sojasoße ablöschen und mit der Tofusoße und den Erbsen auffüllen. Zum Kochen bringen und mit dem Salz abschmecken. Die Pastinaken-Tagliatelle hinzugeben, gut vermengen und servieren.

NÄHRWERTE	KALORIEN	KH	DAVON ZUCKER	PROTEINE	FETT	DAVON GF	SALZ
PRO PORTION	445	54	13	28	13	2	0.65

ITALIAN
ALLROUNDER
JUST SPICES

Schnelle Gnocchi

mit grünem Pesto und Kirschtomaten

Pesto selbst machen? Mit unserem Grünen Pesto Mix ein reines Kinderspiel! Fehlt nur noch frisches Basilikum, würziger Parmesan und etwas Olivenöl – so schnell und einfach zauberst Du ein grünes Pesto, das es in sich hat. In Kombination mit Gnocchi, fruchtigen Tomaten und gerösteten Pinienkernen kann sich der fein-würzige Geschmack optimal entfalten.

4 Portionen
20 Minuten Zubereitung

Für das Pesto:
3 Bund Basilikum
3 EL Parmesan, gerieben
100 ml Olivenöl
2 Pr. Just Spices Grüner Pesto Mix

Für die Gnocchi:
300 g Kirschtomaten
50 g Pinienkerne
1 EL Olivenöl
500 g Gnocchi, Kühlregal
3 Pr. Just Spices Italian Allrounder

Für das Pesto das Basilikum waschen und trocken tupfen. Zusammen mit dem Parmesan in ein hohes Gefäß geben, das Olivenöl und den Grünen Pesto Mix hinzugeben und mit einem Pürierstab zu einer homogenen Masse mixen.

Die Tomaten waschen und halbieren.

Die Pinienkerne in einer beschichteten Pfanne ohne Fett bei mittlerer Hitze goldgelb anrösten. Dabei gelegentlich umrühren, damit die Kerne nicht verbrennen. Die Pinienkerne aus der Pfanne nehmen.

In der gleichen Pfanne das Olivenöl erhitzen und die Gnocchi ca. 4 Minuten bei mittlerer Hitze anbraten. Die Tomaten hinzugeben, ca. 3 Minuten mitbraten und mit dem Italian Allrounder abschmecken.

Zum Schluss das Pesto und die Pinienkerne unterrühren und servieren.

NÄHRWERTE	KALORIEN	KH	DAVON ZUCKER	PROTEINE	FETT	DAVON GF	SALZ
PRO PORTION	566	47	4.1	12	37	6.2	1.9

Einfache Gnocchi mit Erbsen

und schnellem Pesto

Maximales Geschmackserlebnis mit minimalem Aufwand und wenigen Zutaten? Mit unserem Grünen Pesto Mix kein Problem! Zusammen mit feinstem Olivenöl und einem Schuss Wasser zauberst Du in Sekundenschnelle ein aromatisches Pesto, das die fertig gekauften Varianten in den Schatten stellt. Fehlen nur noch Gnocchi und farbenfrohe Erbsen – schon steht Deinem Genuss nichts mehr im Weg!

2 Portionen
15 Minuten Zubereitung

6 EL Olivenöl
500 g Gnocchi, Kühlregal
200 g Erbsen, tiefgekühlt
3 EL Wasser
1 Pr. Salz, Pfeffer
4 Pr. Just Spices Grüner Pesto Mix

In einer Pfanne 1 EL Olivenöl erhitzen und die Gnocchi bei mittlerer Hitze ca. 4 Minuten braten. Die Erbsen hinzugeben und weitere 4 Minuten braten.

Für das Pesto den Grünen Pesto Mix mit dem restlichen Olivenöl und dem Wasser in einer Schüssel verrühren.

Das Pesto zu den Gnocchi in die Pfanne geben, gründlich vermengen und mit dem Salz und Pfeffer abschmecken.

NÄHRWERTE	KALORIEN	KH	DAVON ZUCKER	PROTEINE	FETT	DAVON GF	SALZ
PRO PORTION	729	93	3.9	16	32	4.8	2.9

Tipp: Die Gnocchi schmecken auch super mit frisch geriebenem Parmesan.

Knusprige Gnocchi

mit Ofengemüse und Pistazien

Herrlich knusprige Gnocchi treffen auf saftiges Gemüse vom Blech – dieses bunte Gericht überzeugt nicht nur geschmacklich, sondern macht auch optisch echt was her. Unser Ofengemüse Gewürzmix bringt die vielseitigen Aromen Deines farbenfrohen Gemüses besonders gut zur Geltung und die Pistazienmasse sorgt für ein fein-nussiges Geschmackserlebnis. Überzeuge Dich selbst!

4 Portionen
15 Minuten Zubereitung
30 Minuten Backzeit

Für das Ofengemüse:
2 Pastinaken
4 Zwiebeln, rot
1 Paprika, rot
1 Paprika, gelb
2 EL Olivenöl
2 Pr. Salz
1 EL Just Spices Ofengemüse Gewürzmix

Für die Pistazienmasse:
60 g Pistazien
2 EL Olivenöl
1 Pr. Salz

Für die Gnocchi:
1 EL Olivenöl
400 g Gnocchi, Kühlregal
3 Pr. Just Spices Ofengemüse Gewürzmix

Den Backofen auf 200 °C (Ober-/Unterhitze) vorheizen.

Die Pastinaken und die Zwiebeln schälen. Die Zwiebeln entlang der Wurzel vierteln. Die Paprika waschen, halbieren, das Kerngehäuse entfernen und mit den Pastinaken in mundgerechte Stücke schneiden.

Das Gemüse mit dem Olivenöl, Salz und Ofengemüse Gewürzmix vermengen und auf einem mit Backpapier ausgelegten Backblech verteilen. Das Gemüse ca. 30 Minuten in den Ofen geben, nach 15 Minuten einmal wenden.

Währenddessen die Pistazien mit dem Olivenöl und Salz in ein hohes Gefäß geben und mit einem Pürierstab grob mixen, sodass noch Stücke bestehen bleiben.

Für die Gnocchi das Olivenöl in der Pfanne erhitzen und die Gnocchi bei mittlerer Hitze ca. 5 Minuten goldbraun anbraten. Mit dem Ofengemüse Gewürzmix abschmecken und 1 EL der Pistazienmasse unterheben.

Das Gemüse aus dem Ofen nehmen und mit den Gnocchi vermengen.
Mit der restlichen Pistazienmasse servieren.

NÄHRWERTE	KALORIEN	KH	DAVON ZUCKER	PROTEINE	FETT	DAVON GF	SALZ
PRO PORTION	462	55	11	9.9	22	3.1	1.9

Tipp: Wer mag, kann die Gnocchi auch mit dem Gemüse ca. 10 Minuten in den Ofen geben. Dann werden sie eher saftig statt knusprig.

Gnocchi-Pfanne

mit Staudensellerie und Zucchini

Es gibt Gerichte, die so einfach und lecker sind, dass wir sie täglich essen könnten – diese Gnocchi-Pfanne mit Staudensellerie und Zucchini gehört definitiv dazu! Während knusprig gebratene Gnocchi und knackiges Gemüse die Hauptrolle spielen, sorgt unser Mediterraner Gemüse Allrounder für die perfekte, italienische Würze. Buon appetito!

2 Portionen
20 Minuten Zubereitung

3 Stangen Staudensellerie
1 Zucchini
250 g Kirschtomaten
2 Schalotten
2 EL Olivenöl
400 g Gnocchi, Kühlregal
4 Pr. Salz
2 TL Just Spices Mediterraner Gemüse Allrounder

Den Staudensellerie waschen, putzen und in dünne Scheiben schneiden. Die Zucchini waschen, beide Enden abschneiden, halbieren und in dünne Scheiben schneiden. Die Tomaten waschen und halbieren. Die Schalotten schälen, halbieren und fein würfeln.

Das Olivenöl in einer Pfanne erhitzen und die Gnocchi bei mittlerer Hitze ca. 4 Minuten braten. Staudensellerie und Schalotten hinzugeben und ca. 2 Minuten mitbraten. Anschließend die Zucchini und Tomaten hinzugeben und 3 Minuten braten.

Mit dem Salz und dem Mediterranen Gemüse Allrounder würzen und servieren.

NÄHRWERTE	KALORIEN	KH	DAVON ZUCKER	PROTEINE	FETT	DAVON GF	SALZ
PRO PORTION	519	84	13	15	12	2	3.8

MEDITERRANER GEMÜSE ALLROUNDER
JUST SPICES

Tomaten-Mozzarella-Gnocchi

aus dem Ofen

Auch wenn wir große Fans der klassischen Gnocchi sind, haben uns die gefüllten Varianten noch einmal besonders überzeugt! Die kleinen Kartoffelhappen erhalten durch ihre aromatische Füllung das gewisse Extra an Geschmack, das durch unsere fruchtige Tomatensoße perfekt abgerundet wird. Zusammen mit feinstem Mozzarella geht's für 10 Minuten in den Ofen – und schon kann Dein Genuss beginnen!

2 Portionen
20 Minuten Zubereitung
10 Minuten Backzeit

1 Zwiebel
2 Handvoll Kirschtomaten
2 EL Olivenöl
400 g gefüllte Gnocchi, Kühlregal
1 Dose stückige Tomaten, à 400 g
250 g Saure Sahne
1 Laib Mozzarella, à 125 g
2 Pr. Salz
2 TL Just Spices
Tomaten Mozzarella Gewürz

Den Backofen auf höchster Grillstufe vorheizen.

Die Zwiebel schälen, halbieren und fein würfeln. Die Kirschtomaten waschen und halbieren.

In einer ofenfesten Pfanne das Olivenöl erhitzen und die Gnocchi bei mittlerer Hitze ca. 3 Minuten goldbraun anbraten. Die Zwiebeln hinzugeben und weitere 2 Minuten braten.

Mit den stückigen Tomaten und Kirschtomaten auffüllen, zum Kochen bringen und mit dem Salz und dem Tomaten Mozzarella Gewürz abschmecken. Die Saure Sahne unterheben, den Mozzarella abgießen, grob zupfen und über die Gnocchi geben.

Die Pfanne ca. 10 Minuten auf mittlerer Schiene in den Backofen schieben.

NÄHRWERTE	KALORIEN	KH	DAVON ZUCKER	PROTEINE	FETT	DAVON GF	SALZ
PRO PORTION	867	83	15	25	48	25	3.1

Tipp: Wir empfehlen Dir Gnocchi gefüllt mit Frischkäse oder Gorgonzola. Alternativ kannst Du natürlich auch ungefüllte Gnocchi verwenden.

Gnocchi Carbonara

mit Pancetta und frischem Parmesan

Auch wenn die klassische Carbonara mit Spaghetti daherkommt, wird es höchste Zeit, auch mal den Gnocchi eine Chance zu geben. Und wir garantieren Dir: Du wirst es nicht bereuen! Feinste Pancetta und würziger Pecorino versorgen Deine Gnocchi mit kräftigen Aromen und unser Italian Allrounder bringt zum Schluss noch eine mediterrane Note mit ins Spiel.

2 Portionen
20 Minuten Zubereitung

100 g Pancetta
3 Eigelb
1 Ei
50 g Pecorino, frisch gerieben
400 g Gnocchi, Kühlregal
2 TL Just Spices Italian Allrounder

Die Pancetta in ca. 0,2 cm breite Streifen schneiden und in einer Pfanne ohne Fett bei leichter bis mittlerer Hitze ca. 6 Minuten knusprig auslassen.

In der Zwischenzeit die Eigelbe mit dem Vollei in eine Schüssel geben und mit einem Schneebesen ca. 1 Minute cremig aufschlagen. Den Pecorino hinzugeben, unterheben und mit dem Italian Allrounder würzen.

Die Gnocchi nach Packungsanleitung in Salzwasser kochen, dann abgießen und 80 ml Kochwasser auffangen. Das Kochwasser zu den Eiern geben und gut vermischen.

Die Gnocchi zur Pancetta geben und die Pfanne von der Hitzequelle ziehen. Die Eier hinzugeben und die Pfanne so lange schwenken, bis eine cremige Soße entstanden ist. Falls die Soße zu dick ist, noch etwas Wasser hinzugeben.

NÄHRWERTE	KALORIEN	KH	DAVON ZUCKER	PROTEINE	FETT	DAVON GF	SALZ
PRO PORTION	735	71	3.8	32	36	15	4

Tipp: Wer etwas Fett sparen möchte, kann einen Kaffeefilter in eine Tasse setzen und die gebratene Pancetta für ca. 2 Minuten zum Abtropfen reingeben.

FETA
GEWÜRZ

Cremige Käse-Gnocchi

mit knusprigem Bacon

Die Kombination aus Gnocchi mit einer cremigen Käsesoße und knusprigem Bacon ist einfach ein wahr gewordener Traum! An unserem Feta Gewürz wird deutlich, wie vielseitig Du unsere Mischungen wirklich verwenden kannst. Der Mix passt hervorragend zu Feta, macht sich aber auch mit Mozzarella und kräftigem Bergkäse wunderbar. Ein echtes Must-Have für alle Käse-Fans!

4 Portionen
30 Minuten Zubereitung

1 Laib Mozzarella, à 125 g
75 g Bergkäse
1,5 EL Butter
1 gehäufter EL Mehl
650 ml Vollmilch
1 Zitrone, Saft
150 g Bacon, in Scheiben
1 Brokkoli
400 g Gnocchi, Kühlregal
2 TL Just Spices Feta Gewürz

Für die Soße den Mozzarella abgießen und zusammen mit dem Bergkäse fein reiben. 1 EL Butter in einem Topf schmelzen, das Mehl einrühren und mit der Milch ablöschen. 1 TL Feta Gewürz einrühren und zum Kochen bringen. Den Käse hineingeben und unter Rühren schmelzen lassen. Die Zitrone halbieren, den Saft auspressen und die Soße mit dem Zitronensaft abschmecken.

Den Bacon in einer Pfanne ohne Fett bei mittlerer Hitze knusprig ausbacken. Den Brokkoli waschen und in kleine Röschen schneiden. Den Bacon aus der Pfanne nehmen, die restliche Butter und den Brokkoli hineingeben und bei mittlerer Hitze ca. 3 Minuten braten.

Die Gnocchi hinzugeben, mit dem restlichen Feta Gewürz würzen und weitere 2 Minuten braten. Mit der Käsesoße auffüllen und gründlich vermengen.

Die Gnocchi mit dem knusprigen Bacon garnieren.

NÄHRWERTE	KALORIEN	KH	DAVON ZUCKER	PROTEINE	FETT	DAVON GF	SALZ
PRO PORTION	764	47	11	23	54	28	1.8

Gnocchi-Spinat-Pfanne

mit cremiger Sour-Cream-Soße

Das perfekte Gericht für die schnelle Feierabendküche – mit geringem Aufwand in nur 20 Minuten zubereitet! Im Handumdrehen zauberst Du eine leckere Gnocchi-Spinat-Pfanne in cremiger Soße, die durch die Zitrusnote eine angenehme Frische erhält. Unser Sour Cream Gewürz mit Zwiebel, Knoblauch, Schnittlauch und Co. schmeckt nicht nur als Dip hervorragend, sondern lässt auch Deine Gnocchi strahlen.

2 Portionen
20 Minuten Zubereitung

100 g junger Blattspinat
1 EL Butter
400 g Gnocchi, Kühlregal
50 ml Vollmilch
250 g Schmand
1 Bio-Zitrone, Saft & Abrieb
2 TL Just Spices Sour Cream Gewürz

Den Spinat waschen, trocken schleudern und in feine Streifen schneiden.

Die Butter in einer Pfanne erhitzen und die Gnocchi bei mittlerer Hitze ca. 3 Minuten knusprig braten. Den Spinat hinzugeben und gründlich vermengen.

Die Milch mit dem Schmand in die Pfanne geben und bei leichter Hitze unterheben.

Die Zitrone waschen und abtrocknen. Die Zitrone waschen, trocknen, die Schale abreiben und den Saft auspressen. Die Gnocchi mit dem Zitronensaft und -abrieb, sowie dem Sour Cream Gewürz abschmecken.

NÄHRWERTE	KALORIEN	KH	DAVON ZUCKER	PROTEINE	FETT	DAVON GF	SALZ
PRO PORTION	657	76	9.2	14	32	19	4.1

Tipp: Frisch geriebener Parmesan passt perfekt zu diesem Gericht.

Gefüllte Gnocchi

in cremiger Pilzrahmsoße

Ein absolutes Muss für alle Gnocchi-Liebhaber – die cremige Pilzrahmsoße ist nicht nur einfach, sondern auch schnell zubereitet! Zusammen mit saftiger Hähnchenbrust und gefüllten Gnocchi ist der Genuss auch schon komplett. Unser Hähnchen Gewürz erhält durch Paprika, Tomate und Chili eine herrlich rote Farbe und hebt das Aroma Deiner Hähnchenbrust so besonders gut hervor. Ganz klares Lieblingsgericht-Potenzial!

4 Portionen
35 Minuten Zubereitung

400 g Hähnchenbrustfilet
350 g Pilze, gemischt
1 Zwiebel
4 Knoblauchzehen
1 EL Olivenöl
1 Zitrone, Saft
1 EL Sojasoße
250 g Kochsahne
200 ml Wasser
400 g gefüllte Gnocchi, Kühlregal
2 TL Just Spices Hähnchen Gewürz

Die Hähnchenbrust von Haut und Sehnen befreien und in ca. 0,2 cm breite Streifen schneiden. Die Pilze putzen und in mundgerechte Stücke schneiden. Die Zwiebel und den Knoblauch schälen und fein würfeln.

In einer Pfanne das Olivenöl erhitzen, das Hähnchen mit dem Hähnchen Gewürz würzen und bei starker Hitze ca. 1 Minute anbraten. Die Pilze mit den Zwiebel- und Knoblauchwürfeln hinzugeben und bei mittlerer Hitze ca. 2 Minuten braten. Die Zitrone halbieren und den Saft auspressen. Mit der Sojasoße und dem Zitronensaft ablöschen. Die Kochsahne und das Wasser hinzugeben und zum Kochen bringen.

Die Gnocchi hinzugeben und ca. 4 Minuten köcheln lassen.

NÄHRWERTE	KALORIEN	KH	DAVON ZUCKER	PROTEINE	FETT	DAVON GF	SALZ
PRO PORTION	473	40	5.9	35	18	7.6	2.8

Tipp: Wir empfehlen Dir, mit Pesto gefüllte Gnocchi zu wählen. Anstelle der gefüllten Gnocchi kannst Du natürlich auch die normale, ungefüllte Variante verwenden.

REGISTER

REGISTER
NACH KATEGORIEN

VEGETARISCH

VEGAN

UNTER 30 MINUTEN

GUT VORZUBEREITEN

ASIA
BOWL
TOPPING

EINE SACHE WOLLEN WIR EUCH NOCH SAGEN:

DANKE!

EUCH, DEN SPICEBUDDYS.

Eure kulinarische Kreativität, die Leidenschaft fürs Kochen und Eure Liebe zu uns sowie unseren bunten Gewürzmischungen sind unsere absolut größte Inspiration. Wir sind Euch so dankbar dafür! Lasst uns gemeinsam auf ewig für großen Genuss in der Welt sorgen.

EUCH, DER JUST SPICES FAMILY.

Ohne unser unglaubliches Team wären wir nicht dort, wo wir sind. Gemeinsam machen wir das Unmögliche möglich und wachsen immer weiter zusammen. Ihr gebt so viel für unsere gemeinsame Mission und das erfüllt uns jeden einzelnen Tag mit Stolz.

#ONEFAMILY

DIR, DANIEL.

Du hast Dich im April 2022 auf ein gemeinsames Abenteuer mit uns dreien eingelassen und machst unser Team komplett. Mit Dir als Geschäftsführer für den Bereich Finanzen haben wir so viel Sicherheit gewonnen, können uns voll und ganz in unsere kreativen Vorhaben stürzen und noch mehr Geschmack in die Küchen dieser Welt bringen.

EUCH, DEM KOCHBUCH-TEAM.

Die Kochbücher sind immer wieder eine wunderbare Herausforderung, an der so viele tolle Menschen beteiligt sind. Wir sind überglücklich, dass Ihr jedes Jahr aufs Neue alles für unsere Kochbücher gebt und Euch mit frischen Ideen sowie leckeren Kreationen immer wieder selbst übertrefft.

EUCH, DEM KRAFT-HEINZ-TEAM.

Kerem Akcay, Rafael „Rafa“ Oliveira, Walter Paganucci, Willem Brandt, Miguel Patricio, Thomas Loest, Tony Navin, Cristina Kenz, Diana Frost & viele weitere tolle Menschen – mit Euch an unserer Seite sind wir einen riesigen Schritt in die weite Welt des Genusses gegangen. Wir sind hochmotiviert, Just Spices mit Eurer Expertise und unserer gemeinsamen Leidenschaft zu einer weltweiten Community des guten Geschmacks zu machen.

MAKE EVERY DISH TASTY!

IMPRESSUM

100 NUDELREZEPTE

Von Italienisch bis Asiatisch:
Entdecke leckere Lieblingsgerichte für jeden Tag

1. Auflage 2022

Schiessstraße 44 a
40549 Düsseldorf

Fotos: Just Spices GmbH
Illustrationen: Sonja Marterner, Sonnenstaub
Druck: NEOGRAFIA, a.s., Sučianska 39 A,
038 61 Martin-Priekopa, Slowakei

ISBN 978-3-9824494-0-1